国之重器出版工程

制造强国建设

智能工业丛书

制造企业的成本工程体系

Cost Engineering System
in the Manufacturing Industry

［德］刘晓毅　著

電子工業出版社
Publishing House of Electronics Industry
北京·BEIJING

未经许可，不得以任何方式复制或抄袭本书之部分或全部内容。

版权所有，侵权必究。

图书在版编目（CIP）数据

制造企业的成本工程体系/（德）刘晓毅著. —北京：电子工业出版社，2020.8（2023.1重印）
ISBN 978-7-121-39212-2

Ⅰ. ①制… Ⅱ. ①刘… Ⅲ. ①制造工业－工业企业管理－成本管理－研究－中国
Ⅳ. ①F426.4

中国版本图书馆 CIP 数据核字（2020）第 115753 号

责任编辑：邓茗幻
文字编辑：缪晓红
印　　刷：固安县铭成印刷有限公司
装　　订：固安县铭成印刷有限公司
出版发行：电子工业出版社
　　　　　北京市海淀区万寿路 173 信箱　　邮编：100036
开　　本：720×1000　1/16　印张：12.25　字数：186 千字
版　　次：2020 年 8 月第 1 版
印　　次：2023 年 1 月第 5 次印刷
定　　价：68.00 元

凡所购买电子工业出版社图书有缺损问题，请向购买书店调换。若书店售缺，请
与本社发行部联系，联系及邮购电话：（010）88254888，88258888。

质量投诉请发邮件至 zlts@phei.com.cn，盗版侵权举报请发邮件至 dbqq@phei.com.cn。

本书咨询联系方式：mxh@phei.com.cn。

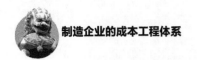

专家委员会委员（按姓氏笔画排列）：

于　全　中国工程院院士

王　越　中国科学院院士、中国工程院院士

王小谟　中国工程院院士

王少萍　"长江学者奖励计划"特聘教授

王建民　清华大学软件学院院长

王哲荣　中国工程院院士

尤肖虎　"长江学者奖励计划"特聘教授

邓玉林　国际宇航科学院院士

邓宗全　中国工程院院士

甘晓华　中国工程院院士

叶培建　人民科学家、中国科学院院士

朱英富　中国工程院院士

朵英贤　中国工程院院士

邬贺铨　中国工程院院士

刘大响　中国工程院院士

刘辛军　"长江学者奖励计划"特聘教授

刘怡昕　中国工程院院士

刘韵洁　中国工程院院士

孙逢春　中国工程院院士

苏东林　中国工程院院士

苏彦庆　"长江学者奖励计划"特聘教授

苏哲子　中国工程院院士

李寿平　国际宇航科学院院士

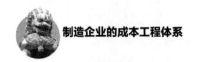

郑纬民	中国工程院院士
郑建华	中国科学院院士
屈贤明	国家制造强国建设战略咨询委员会委员、工业和信息化部智能制造专家咨询委员会副主任
项昌乐	中国工程院院士
赵沁平	中国工程院院士
郝　跃	中国科学院院士
柳百成	中国工程院院士
段海滨	"长江学者奖励计划"特聘教授
侯增广	国家杰出青年科学基金获得者
闻雪友	中国工程院院士
姜会林	中国工程院院士
徐德民	中国工程院院士
唐长红	中国工程院院士
黄　维	中国科学院院士
黄卫东	"长江学者奖励计划"特聘教授
黄先祥	中国工程院院士
康　锐	"长江学者奖励计划"特聘教授
董景辰	工业和信息化部智能制造专家咨询委员会委员
焦宗夏	"长江学者奖励计划"特聘教授
谭春林	航天系统开发总师

推荐序

中国工程院院士 郭孔辉
2020 年 5 月 12 日于吉林大学

改革开放以来，中国制造业在过去的 40 多年中，获得了快速、蓬勃的发展，中国已经成为全球工业门类最为齐全的国家，个人计算机、智能手机、互联网、新能源汽车、无现金移动支付等技术密集型产品和服务已经走入了家家户户，数控机床、工业机器人、自动化生产系统在众多制造企业实现应用。

中国制造企业还在追赶欧洲、北美、日本先进企业的路上，为了在不远的将来与这些先进企业并驾齐驱，甚至超越，中国制造企业不仅需要产品创新，还需要提高产品成本效率，这样才能在激烈的国际市场竞争中脱颖而出。

一个产品的功能和质量（客户特征），一定需要与产出它的成本相匹配，在满足功能和质量（客户特征）的前提下，谁能够做到成本最优，谁就是胜出者，谁就能给客户提供最好的产品"价值"、赢得更多的客户，同时增加企业的盈利能力和市场竞争力。

怎样提高产品成本效率、降低产品成本呢？

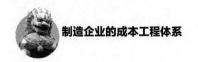

首先，制造企业需要一个在企业组织框架下的成本工程团队。

其次，在产品研发、制造过程中，系统地应用众多的成本工程方法，比如，产品或零部件的参照成本计算、价值分析和价值工程（VAVE），按目标成本进行设计（Design to Cost），形成嵌入产品全过程的日常业务。

最后，企业需要一个全员参与的绩效机制（KPI），以完成产品的成本目标。

产品成本是设计出来的，85%的产品成本已经在设计阶段定型，优化产品的功能设计、选择合适的材料、应用先进的制造工艺，是优化产品成本的主要切入点。

作者刘晓毅博士以他 25 年在德国奔驰汽车、长城汽车的实战经验和方法研究，在中国首次系统地介绍了先进制造企业的成本工程体系、方法和嵌入产品研发、产品制造，以及产品生命周期全过程的相关流程。

《制造企业的成本工程体系》从产品过程开始，详细地介绍了成本工程的方法，每个方法描述后面，都列举了实际案例，便于读者理解和借鉴。

借此机会，我把《制造企业的成本工程体系》这本著作推荐给广大的制造企业高层领导、产品设计工程师、财务分析师、采购专员，作为企业搭建一个全建制成本工程体系的决策参考、按目标成本设计产品的工具书、成本分析方法及商务谈判技巧的应用与借鉴。

展望未来，制造企业必将走入数字化、智能化时代，随着产品的模块化、制造的智能化，成本工程也将进入数字化、智能化领域。如同计算机辅助工程（CAE）给予工程师优化产品设计一个跳跃，数字化成本工程 DCE（Digitalized Cost Engineering）将赋予工程师优化产品成本下一个跳跃。

推荐语

长城汽车股份有限公司天津分公司总经理　张国欣

中国的经济正处于转型期，由过去注重规模数量型转向注重质量效益型。改革开放初期，我们从物质匮乏时代走来，经济发展主要为满足消费者"有"的需求。从无到有，从有到优，从优到满足顾客个性化的需求，整个市场发生了根本性的转变。从初期国内的市场产能不足、供应不足、消费热情高涨的同时消费能力有限，逐渐发展到供需两旺的时代，企业能够进行大规模生产，生产出来的产品消费者容易接受，各行各业都迎来了高速发展的时期，这也是我们前些年能够保持经济高速增长的基础。随着时代的发展，主力消费群体不断发生转换，趋向个性化和多元化，而产业供给能力快速放大，各行各业竞争激烈，品牌大战、价格大战、创新大战此起彼伏。大家对于成本的认知也有了转变。本书作者刘博士在这个时期，重构大家对于成本的认知，符合了这个变化时代的需求。

一个企业的产品能够在市场竞争中脱颖而出，要从根本上满足顾客的需求，能够成为市场中的佼佼者，除了产品要能够超出顾客的希望，在价格上也要满足顾客的预期，无论是物美价廉，还是物超所值，都需要有成本的精准策划与执行。产品的成本关键是策划出来的，然后才是执行到位。现在我们说多改善，但改善的空间总会遇到天花板。无论哪个行业，公司运营的眼光都离不开这个公式——利润=售价-成本。顾客需求不断变化，对高品质的需求、对低价格的需求、对产品个性化的需求，无疑在逐渐吃掉企业存活的根本（利润）。包括劳动力成本、资本成本、土地成本、原材料成本、能源成本、环境成本、物流成本、商务成本和行政成本在内的广义成本要素逐年上涨。从劳动力来看，人口老龄化加快，劳动力供给不断减少，中国劳动人口比重近 7 年下降到了 71.8%，预计到 2023 年将下降至 70%，且 2019 年中国城镇单位就业人员平均工资达到 8.83 万元/年，较 2010 年增长 2.42 倍，中国劳动力成本优势逐渐丧失。这些已经对我国的生产制造行业可持续发展能力产生重要影响。市场红利逐渐消失，制造企业要想维系原有利润空间，就得从成本策划控制上展开充分研究。

现在 90 后、00 后已经逐渐成为消费的主体，这个群体很多人从出生开始就不差钱，希望有科技感、颜值高、造型时尚的产品，这对我们传统制造行业提出了新的挑战。对于制造型企业来说，我们习惯于大规模批量生产，而现在的消费者需要个性化的定制产品，这个趋势在逐渐强化，我们制造企业要从 B2C 向 B2M 转变，这对产品的设计速度和制造交付速度提出了更高的要求。盈利能力决定着一个企业的生死存亡，有足够的盈利能力才能不断地进行创新。有更多的研发投入，有更多的设备投入，能够吸纳更多的人才，企业才能做到基业长青。

成本管理是一个系统工程，从市场洞察与分析、产品的策划与开发、生产的控制、售后市场的管理，对每个环节的成本进行精细的策划与管控，才能够将策划的成本落地，才能有机会超出顾客的期望。我们原来更多地强调某个环节的管理，成本管理也是一个链条管理，要想降本增效，各个环节必须同步提升。环节众多，技术与管理交叉融合，需要有一个整体的框架。产品设计阶段是成本策划的关键时期，在满足市场需求的前提下，以最合适的成本来设计与开发。以汽车为例，这类产品是由 2000 多个总成、30,000 多个零部件组成的产品，涉及上千家直接供应商，如何在全球内选择合适的供应链，如何做到设计优秀、成本可控，需要有一套体系来支撑。对于制造环节来说，如一个工厂的能源消耗，好多企业只是进行周期性结果统计。能源消耗是否合理？是否有优化空间？由于对能耗最小单元缺少统计，大多数企业只能从管理上做"跑、冒、滴、漏"监督检查控制要求，而在如何实现能源组合利用、用能设备能耗最优上无从下手。过程还需要安排大量人员进行抄表记录，再进行汇总统计分析，时效性不能满足企业对于成本的管控需求，且对于能源结构的分析还是不够。中国地域辽阔，各地的各种能源价格不同，如何进行合理匹配，需要企业进行成本的精细策划。

现在出现了很多新技术、新方法，大数据、AI、物联网，这些技术对成本的策划与管理提供了新的方向和路径。这些创新对成本的策划与执行提供了新的工具，这些工具需要有一个整体的框架，才能发挥 1+1＞2 的作用。制造型企业的转型是一个全方位、立体的过程。在新冠肺炎疫情肆虐全球的时候，在我们讨论企业生存与发展的时候，在我们讨论精细化管理，以及成本与竞争力、创新理念与创新方法的时候，能看到刘博士讲成本工程的具体方法，意义重大。我们期待让更多的人看到这本书，希望成本工程的方法能够融入每个企业的管理血脉中，让组织更加有效，从而提升企业的竞争力。

奇瑞汽车股份有限公司产品开发中心总工程师、国家特聘专家 陆献强博士

有幸拜读了刘晓毅博士的这本大作——《制造企业的成本工程体系》。刘博士依据他几十年在国内外企业做成本工程的经验，系统地讲解了什么是成本工程，以及如何利用成本工程的流程与工具来有效地开展产品全生命周期内的成本优化。这是我读到的国内出版的最好的成本管理书籍。在此郑重地把这本书介绍给在工业界工作的同仁们，相信会对各位今后的工作带来不少有益的帮助。

自 序

万里之外眺望祖国汽车工业的快速发展，德国留学、工作 30 年后，回国的冲动在 2013 年秋天终于得以实现。在中国汽车企业的工作中，尤其是在近 3 年的创业中，我利用业余时间，写了数十篇有关成本工程方法和实战案例的文章，多都发表在了盖世汽车《刘晓毅专栏》。

2019 年春天，在一次工业和信息化部人才交流中心举办的"新能源与智能网联汽车产业专家智库成立大会"上，有幸认识了工业和信息化部人才交流中心李廷茹博士，在她的鼓励下，我下了决心写这部《制造企业的成本工程体系》专著，以记录我在德国奔驰汽车、国内长城汽车对成本工程的实践和成本工程方法研究的心得。

一切从企业、从实际出发，读者一定能从本书中感受到"如同亲身经历"！如果读者应用了书中的方法，或者借鉴了书中的例子，优化了产品成本，实现了在生产线的切换，为企业增加了收益，这就是我期待的效果。

衷心感谢中国工信出版集团电子工业出版社缪晓红编辑，谢谢她对此书出版的帮助和协助，对章节、文字的改善建议和校对。

刘晓毅博士

2020 年 5 月 10 日于上海

制造企业目前的发展瓶颈和未来出路

制造企业目前面临的经济环境：

☐ 人工、材料、能源成本不断递增

☐ 市场和客户对产品的智能化、网联化的需求提出了更高的要求，制造企业为了保持市场份额和赢得客户，不得不投入更多的研发费用

☐ 随着中国市场的不断开放，激烈的市场竞争和产品售价递减进一步压缩制造企业的盈利空间

☐ 未来全球经济的不确定性、经济贸易冲突，使消费者、投资者更加谨慎

2016 年 8 月 8 日，《国务院关于印发〈降低实体经济企业成本工作方案〉的通知》（国发〔2016〕48 号）

《降低实体经济企业成本工作方案》除了从政策、税收层面进一步降低制造企业的费用，还专门提到制造企业怎样从自身深挖潜力，降本增效：

"（三十二）**引导企业管理创新和精益生产，利用信息技术手段降低成本**。鼓励企业充分利用新一代信息技术等手段，实现内部管理升级，创新营销模式，提高效益水平。大力发展智能制造和智慧流通，提高产品的成品率、优质品率和精准营销匹配率。加快推进绿色制造，大幅降低资源能源消耗，实现降本增效。推进小批量、多批次、低库存、少环节的柔性化生产和作业成本法应用，提高企业供应链管理水平。（牵头单位：工业和信息化部、国家发展改革委、商务部）

（三十三）**加强先进技术推广，鼓励企业加强目标成本管理**。完善鼓励和支持企业转型和技术创新的政策，**支持推广可有效降低企业成本的各种技术，促使企业持续提高生产效率**。引导企业加强目标成本管理，对生产经营全过程和各环节耗费实施严格的全面控制，制定相应降成本目标。（牵头单位：国家发展改革委、工业和信息化部、国务院国资委）"

在中国的许多制造企业里，在成本方面，依旧是传统的成本管理模式，其中弊端如下。

（1）虽然企业高层声明，成本很重要，但是，企业中很难寻找到专门负**责成本的组织架构**，只有在财务部门下面或采购部门下面，甚至在项目管理下面，才能找到一些负责"成本管理"的员工，企业没有将成本工程作为一个独立的功能部门，类似研发部门、质量部门，更不要说有足够的人员配置。一家有 5 万名员工的大型制造企业，拥有数千名研发人员，"成本管理"员工也许只有25人，无法规模化地、实实在在地推进和实现降本增效。

（2）多数制造企业缺失系统的、全面的**成本工程方法**，也没有嵌入整个产品过程的成本工程流程；一些企业在做的降本增效的工作，时有时无，多是因为经济下行，收益剧减，被迫做成本优化，导致降本增效不能变为日常业务。

（3）因为技术底蕴或者经验的不足，导致研发工程师多以实现一个功能、开发出一个能够可靠运行的零部件为最高"工程师艺术"，至于以什么成本为代价，他们认为不是研发工程师的责任！甚至认为，成本仅仅是

"成本管理"团队的责任。制造企业需要一个全员都要参与的**成本绩效机制**（KPI），并需要真正实施。如果只谈为企业降低成本、提高收益，而员工却没有分享到分文成果，谈何积极性？

制造企业面临巨大的（成本）压力，有些甚至到了生死存亡的关头。市场总是优胜劣汰，制造企业的出路在哪里？

重要路径之一就是"成本工程"（Cost Engineering）。成本工程之所以在"成本"（Cost）二字后面加上了"工程"（Engineering），这里是有它的深刻含义的。85%以上的产品，**其成本是"设计"出来的，而不是"管理"出来的。**

成本工程从产品定义、研发开始介入，优化产品设计、选择最佳的材料和制造工艺、优化设计变更、优化物流成本等，在保障产品性能和质量的前提下，降低产品成本。

可以这样说，成本工程是高层次的、创造性的技术设计工作，是在现有的技术设计上寻找设计优化方案，而不只是计算和汇总一下成本数据。这导致许多制造企业的高层认为，成本只需要"管理"，而留下巨大的成本"工程"优化空间不去挖掘。现在，需要转变观念了！

我将在全书使用"成本工程"（Cost Engineering）理念。

成本工程起源于 1948 年，GE 的工程师 L. D. Miles 首次提出，对产品要做功能与价值的匹配，当时被称为 Value Management（价值管理）。

自 20 世纪 90 年代起，国际上一些优秀的制造企业逐渐意识到成本工程对企业的帮助巨大，开始将单一功能部门下属的成本团队，如财务部成本核算、采购部报价评估、生产工厂精益改善等抽调出来，组建为在企业组织框架下独立的、贯穿整个产品过程的成本工程部门，并逐步搭建了完整的成本工程体系、流程和方法。

发展至今，欧美日发达国家的大型规模制造企业逐渐都成立了成本工程团队，有的称为成本工程，有的称为价值分析和价值工程（Value Analysis and Value Engineering，VAVE），日本企业称为原价企划（原价是日语使用

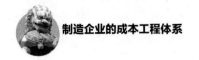

的汉字，就是成本的意思）。

成本工程的概念和应用在中国制造企业依然处于初始阶段，在市场下滑、经济贸易冲突的环境下，实现成本工程在制造企业的落地，提高制造企业的全球竞争力，增加企业收益，尤为重要和紧迫。

我依据 25 年在德国和中国车企的实战经验及方法研究，在本书中第一次系统地介绍成本工程体系、成本工程方法，以及它们在整个产品过程中的实际应用，分享大量零部件及产品的成本优化实战案例，供读者参照和借鉴。

本书从成本工程的起源开始，详细地描述完整的产品过程（Product Process）及成本工程在产品过程中的工作和责任；在介绍成本工程的方法时，我依据数十年在制造企业的实际工作经验和成本工程方法的理论研究，希望能系统地、全面地把各种成本工程方法展现给读者，并穿插了众多实战案例。

如何把这些成本工程方法应用到企业的日常工作中，如何使企业得到成本工程的益处呢？

首先，制造企业急需一个可以马上上手的即插即用（Plug & Play）成本工程模式，从目标设定、方法应用到管理流程。我依据在德国奔驰汽车、长城汽车的实践，分享制造企业即插即用成本工程模式的实际案例。

制造企业为了在成本工程领域更上一层楼，需要建立一个在企业组织架构下的成本工程体系，而且需要定义成本工程在产品过程中的流程；搭建一个全建制的成本工程体系，成为制造企业立足于市场、未来可持续性发展的必经路径。

制造企业不仅需要优化单一产品的成本，更需要优化企业全部产品系列的成本，其中一个重要的机制，就是模块化战略（Modular Strategy）。我依据在德国戴姆勒集团模块化战略的实战开发经历，系统地描述模块化战略的方法、流程和实例。

随着数字化、人工智能的快速发展，我提出成本工程数字化的理念，通过成本大数据库、成本软件系统，成本工程数字化将促使产品设计逐步走向智能化阶段。

从体系层面来讲，制造企业不仅需要建立质量体系和生产体系，也需要建立一个全建制的成本工程体系，以保障中国国内的高附加值工作岗位和就业需求，提高中国企业的国际竞争力。

展望未来：

（1）如同质量体系标准一样（ISO 9001），成本工程体系需要一个标准，不满足成本工程体系标准的企业将缺失如同质量体系的 ISO 9001 标志，因此失去客户的信任和订单，因为企业自身的成本工程没有职业化，没有有效实施，没有做得足够好。

（2）成本大数据库、成本软件、AI+成本工程、智能设计优化，将是制造企业深挖成本优化潜力的重要手段。

刘晓毅

2020 年 5 月 10 日

目 录

第1章 制造企业的各类体系 ······· 001

1.1 为什么大多数制造企业没有成本工程体系 ······· 002

1.2 成本工程体系 ······· 003

    1.2.1 成本工程在制造企业中的定位 ······· 003

    1.2.2 成本工程方法在产品过程中的实际应用 ······· 005

    1.2.3 产品成本企划 ······· 007

    1.2.4 研发成本企划 ······· 009

    1.2.5 模具成本企划 ······· 011

1.3 成本工程体系标准化（ISO/GB CE） ······· 013

第2章 成本工程在国内外制造企业的实践 ······· 015

2.1 成本工程在欧洲制造企业的实践 ······· 017

2.2 原价企划在日本制造企业的实践 ······· 019

2.3 成本估算师在美国制造企业的实践 ······· 021

2.4 成本管理在中国制造企业的实践 ······· 021

第3章 产品功能与产品价值 ······· 024

3.1 价值管理的起源 ······· 024

3.2 产品功能/性能与产品价值的关系 ······· 025

3.3 价值管理的精髓 ······· 028

第 4 章　产品过程 ································· 031

4.1　产品过程的定义 ····························· 031

4.2　产品过程中的责任矩阵（RASIC） ··········· 044

4.2.1　研发部门在产品过程中的工作和责任 ······· 044

4.2.2　质量部门在产品过程中的工作和责任 ······· 045

4.2.3　成本工程部门在产品过程中的工作和责任 ····· 046

第 5 章　成本工程的方法 ······················· 047

5.1　多维度 ABC 分析 ··························· 047

5.2　参照成本计算（Reference Cost Calculation） ········ 050

5.3　按目标成本进行设计（Design to Cost） ········ 056

5.3.1　型态盒创意法（Morphologic Box） ········· 056

5.3.2　功能-成本矩阵法（Function Cost Matrix） ······· 059

5.3.3　功能对标法（Function Benchmark） ········· 061

5.4　零部件及总成的价值分析和价值工程（VAVE） ········· 062

5.4.1　价值分析（Value Analysis） ············· 062

5.4.2　价值工程（Value Engineering） ··········· 070

5.5　线性回归分析法（Lear Regression Analysis） ········· 072

5.6　最佳对标法（Best of Bench） ··············· 074

5.7　板块分析法（Portfolio Analysis） ············· 075

5.8　制造成本与销量的解析函数分析 ··············· 077

5.9　商务谈判战略和艺术 ······················· 078

5.9.1　谈判目的和动机 ······················· 078

5.9.2　谈判准备 ····························· 079

5.9.3　谈判过程的节奏和谈判艺术 ················· 080

5.9.4　谈判结局和总结 ······················· 081

5.10　商务案例计算（Business Case Calculation）——净现值 NPV ···· 086

第6章　零部件成本优化如何应用成本工程方法 ⋯⋯⋯⋯⋯⋯⋯⋯ 089

　　6.1　标准化问题引导的价值分析和价值工程（VAVE）⋯⋯⋯⋯⋯ 089

　　　　6.1.1　VAVE 研讨方法 ⋯⋯⋯⋯⋯⋯⋯⋯⋯⋯⋯ 090

　　　　6.1.2　VAVE 实战案例 ⋯⋯⋯⋯⋯⋯⋯⋯⋯⋯⋯ 091

　　6.2　怎样避免过度工程 ⋯⋯⋯⋯⋯⋯⋯⋯⋯⋯⋯⋯⋯⋯⋯ 096

　　　　6.2.1　《产品要求书》⋯⋯⋯⋯⋯⋯⋯⋯⋯⋯⋯⋯ 098

　　　　6.2.2　产品性能超出客户的正常使用范围 ⋯⋯⋯⋯⋯ 106

　　　　6.2.3　产品耐久性超过了产品的使用生命周期 ⋯⋯⋯ 107

　　　　6.2.4　避免过度工程的实战案例 ⋯⋯⋯⋯⋯⋯⋯⋯ 108

　　6.3　成本工程与轻量化 ⋯⋯⋯⋯⋯⋯⋯⋯⋯⋯⋯⋯⋯⋯⋯ 109

　　　　6.3.1　成本工程与轻量化的函数关系 ⋯⋯⋯⋯⋯⋯ 110

　　　　6.3.2　既降低成本，又轻量化的实战案例 ⋯⋯⋯⋯⋯ 111

第7章　产品的目标成本过程 ⋯⋯⋯⋯⋯⋯⋯⋯⋯⋯⋯⋯⋯⋯ 115

　　7.1　第一客户 ⋯⋯⋯⋯⋯⋯⋯⋯⋯⋯⋯⋯⋯⋯⋯⋯⋯⋯⋯ 119

　　7.2　产品目标成本的设定 ⋯⋯⋯⋯⋯⋯⋯⋯⋯⋯⋯⋯⋯⋯ 121

　　　　7.2.1　设定目标成本 ⋯⋯⋯⋯⋯⋯⋯⋯⋯⋯⋯⋯ 121

　　　　7.2.2　目标成本的分解和匹配 ⋯⋯⋯⋯⋯⋯⋯⋯⋯ 123

　　　　7.2.3　目标成本的达成路径 ⋯⋯⋯⋯⋯⋯⋯⋯⋯⋯ 126

第8章　制造成本的优化 ⋯⋯⋯⋯⋯⋯⋯⋯⋯⋯⋯⋯⋯⋯⋯⋯ 128

　　8.1　丰田汽车制造系统（TPS）⋯⋯⋯⋯⋯⋯⋯⋯⋯⋯⋯⋯ 129

　　8.2　梅赛德斯-奔驰制造系统（MPS）⋯⋯⋯⋯⋯⋯⋯⋯⋯ 130

　　　　8.2.1　价值流分析 ⋯⋯⋯⋯⋯⋯⋯⋯⋯⋯⋯⋯⋯ 132

　　　　8.2.2　工位数据采集法 ⋯⋯⋯⋯⋯⋯⋯⋯⋯⋯⋯⋯ 136

　　　　8.2.3　7V（降低成本，消除 7 种浪费）⋯⋯⋯⋯⋯⋯ 137

　　　　8.2.4　5A（一个良好的工位，要做到 5 个 A）⋯⋯⋯ 138

　　　　8.2.5　3M（精益生产中，要避免 3 个 M）⋯⋯⋯⋯ 140

第 9 章　模块化战略——成本工程 2.0 ･･････････････････････ 141

　9.1　企业为什么需要模块化战略 ････････････････････････････ 141

　9.2　模块化战略——成本工程 2.0 怎样实施 ････････････････ 142

　　9.2.1　分析阶段 ･･････････････････････････････････ 145

　　9.2.2　技术方案与战略阶段 ････････････････････････ 147

　　9.2.3　实施阶段 ･･････････････････････････････････ 150

　9.3　模块化战略在梅赛德斯-奔驰汽车的实践 ･･････････････ 150

第 10 章　成本工程在新能源与智能网联趋势下的实践 ････････ 153

　10.1　新能源汽车的客户核心价值 ･････････････････････････ 153

　10.2　成本工程在新能源汽车的实践 ･･･････････････････････ 154

　　10.2.1　商务案例计算（净现值 NPV）及敏感度分析 ･･････ 154

　　10.2.2　计算锂电池电芯的参照成本 ････････････････ 155

　　10.2.3　直接、间接驱动电机的设计和成本对比 ･･････ 161

第 11 章　成本工程数字化 ･･･････････････････････････････ 163

　11.1　产品过程的数字化 ･････････････････････････････････ 164

　11.2　CAE 优化产品材料成本 ･･･････････････････････････ 164

　11.3　CAE 优化产品制造成本 ･･･････････････････････････ 166

　11.4　成本大数据库 ･････････････････････････････････････ 167

　11.5　成本软件 ･･･ 169

结束语　制造企业成本工程体系的发展趋势 ･･････････････････ 172

第 1 章

制造企业的各类体系

按照科技语的定义，体系泛指一定范围内或同类的事物按照一定的秩序和内部联系组合而成的整体，是不同子系统组成的整体，贯穿两个核心，一是多个不同的子系统，二是按照一定秩序和内部联系来运行。

以车企为例，它有一个研发体系，其研发体系有多个如下的"子系统"：

- ☐ 零部件设计和验证部门
- ☐ 整车性能和集成部门
- ☐ 仿真计算部门
- ☐ 车型产品部门

......

各个部门的"一定秩序和内部联系"有如下的规则和章程：

- ☐ 部门的工作内容书和责任矩阵（RASIC）
- ☐ 《产品要求书》
- ☐ 产品开发日程
- ☐ 设计变更规则

......

这些规则和章程是用来规范各部门内部及部门之间的关系的，这里还要设定相应的标准和要求。

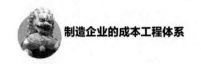

当然，制造企业除研发体系外，还有相应的质量体系和生产体系。

1.1 为什么大多数制造企业没有成本工程体系

在回答这个问题之前，先讲述一个我近年来的经历。

我走访了数十家制造企业的高层管理者，我问他们："您近来在企业里最关注的 3 个问题是什么？"回答："一是销售/市场，二是成本，三是质量。"

当我再深入地问道："您认为第二重要的就是成本，那您的企业近 6 个月在成本方面做了什么？"回答常常是："让我想想看，对不起，想不起来了！"

这是多数制造企业的真实写照，高层管理者虽然强调成本的重要性，但是又没有做什么具体的成本优化工作。

主要原因如下。

（1）不少企业管理者认为，成本是管理出来的，当被问到成本优化怎么做的时候，不少人会脱口而出："您指的是成本控制？"事实相反，成本不是控制出来的，而是设计出来的，是需要通过创造性的技术方案优化后得出的。许多制造企业的成本工作依然放在财务、项目部门，甚至采购部门，依然认为成本优化只是做好成本控制或者成本管理就行。关键是，制造企业没有认识到成本工程对制造企业的重要性，之所以称为成本工程，这里"工程"二字就意味着"技术"，**成本工程就是用技术来优化产品成本**；

（2）有些制造企业认为成本重要，同时也做一些降本增效的工作，但是收效不大，因为缺失系统的成本工程方法和相关流程；

（3）许多制造企业把降本增效作为项目来完成，经营好的时候没有降本项目，经营不好的时候被迫做降本项目，而不是把成本工程作为日常业务（如同研发、生产、质量等一样）；

（4）即使有了成本工程在制造企业组织架构下的位置，也有了一些基本的成本工程方法和流程，但是缺失真正实施的绩效考核（KPI），各部门在做成本工程工作时没有动力。

1.2　成本工程体系

2017 年我首次提出成本工程体系的概念。成本工程在制造企业的未来发展方向，就是要跟研发体系、生产体系、质量体系一样，形成一个完整的成本工程体系。

如同质量体系，成本工程体系需要有一个在企业组织框架下的独立团队，制定一套标准和规范，并有系统的方法和清晰的流程，以及成本目标驱动下的绩效考核（KPI），图 1.1 示意了成本工程体系的三个要素。

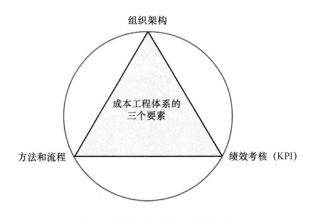

图 1.1　成本工程体系的三个要素

1.2.1　成本工程在制造企业中的定位

第一是组织架构。

成本工程部门在企业组织架构下的定位极其重要，比如，德国戴姆勒集

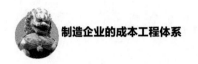
团（奔驰汽车）的成本工程部门是一个独立的部门，和研发、采购、制造等部门平行（见图1.2）。

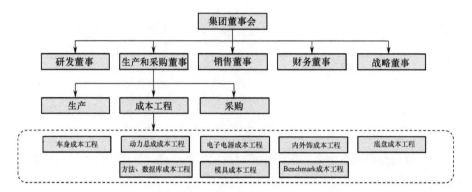

图1.2　制造企业的成本工程体系架构

这样设立的优点是，由研发、成本、采购、质量、制造组成的产品团队，有三个共同的目标：产品的功能、成本和质量。

研发部门不是只负责产品功能，成本和采购部门不是只负责产品成本，质量和制造部门也不是只负责产品质量，而是针对每个产品过程，在这些部门的交接点都有设定好的输入物、方法、流程及输出物，以达到产品的功能、成本、质量整体最优化。

第二是方法和流程。

成本工程部门是一个技术部门，成本工程师大多由有经验的产品研发工程师、制造工艺工程师担任，熟悉客户需求和制造工艺。

也可以说，成本工程部门是制造企业的特种部队，成本工程师要对产品的定义、设计和制造，从一开始，应用不同的成本工程方法，提出技术优化方案，并且和研发、制造、采购及质量部门的同事一起并肩作战，在保障性能和质量的前提下，做到成本最优。

工程师的艺术不只是开发一个能满足功能/性能要求的产品，更应该在满足功能/性能的前提下，设计出一个成本最低、质量达到要求的产品。这里的工程师不是单指研发工程师，而是指研发、成本、质量和制造工程师。

第三是绩效考核（KPI）。

对制造企业所有在产品过程中的参与部门都需要设定相应的成本目标 KPI。

成本工程是制造企业的日常工作，不能只是因为市场压力而必须降低产品成本了，才去做一些 VAVE，才去降低成本。而是要在每个新产品定义的第一天起，就做按目标成本进行设计（Design to Cost），做成本工程管理下的设计变更，因为 85%的产品成本已经在产品定义和研发初始阶段就定型了。当然，量产后的 VAVE 也是必不可少的。

目前在欧州、北美、日本等地区和国家，部分制造企业已经有了成本工程团队，部分优秀制造企业已经形成了一个完整的全建制的成本工程体系，有效地为企业降低了成本。

在目前经济下滑、市场紧缩的环境下，制造企业更需要一个全建制的成本工程体系，降本增效、提高企业的盈利能力和市场竞争力。

1.2.2　成本工程方法在产品过程中的实际应用

成本工程的方法有哪些？一说起 VAVE（价值分析和价值工程），似乎很多人都知道。真是这样吗？单是 VAVE 四个字母就要分成：VA（Value Analysis，价值分析），应用在量产产品阶段；VE（Value Engineering，价值工程），应用在产品开发阶段。实质上，这就是零部件和总成的价值分析，是成本工程的一个方法。

成本工程的方法有几十个，大致分为以下三类，我们在后面的章节中会详细介绍。

分析类：

参照成本计算；零部件和总成的价值分析；多维度 ABC 分析；市场价和

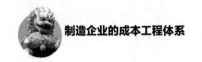

采购量解析分析等。

设计优化类：

按目标成本进行设计（型态盒创意法；功能-成本矩阵法；对标法）等。

商务类：

商务案例计算（净现值 NPV）；谈判战略和艺术等。

产品过程包含了产品定义、产品研发、产品生产、产品销售及售后服务阶段的全部过程，是制造企业的核心流程。产品过程中包含了研发、成本、质量、生产部分。也就是说，成本工程首先是产品过程的一个重要组成部分。

成本工程的多种方法，通常应用在产品过程的不同阶段。

- □ 商务案例计算（净现值 NPV）用在产品定义阶段，以产品在整个生命周期的净现值 NPV 作为产品是否开发和生产的决策依据，并以此为依据来设定产品目标成本

- □ 按目标成本进行设计，参照成本计算，价值工程用在产品研发阶段，对产品方案进行技术优化

- □ 价值分析用在产品量产、产品销售及售后服务阶段，进一步挖掘成本优化潜力

表 1.1 描述了在整个产品过程（包含产品定义、产品研发、产品生产、产品销售及售后服务）中，成本工程需要做的主要工作。

表 1.1　产品过程及对应的成本工程方法

成本工程主要方法的应用	产品过程			
	产品定义	产品研发	产品生产	产品销售、售后服务（量产阶段）
商务案例计算（净现值 NPV）	√			
按目标成本进行设计		√		
参照成本计算		√		
价值工程		√		
价值分析			√	√

1.2.3 产品成本企划

成本工程对制造企业来说，不是"自选动作"，而是"规定动作"。

一家制造企业是否认为成本工程是企业必不可少的，只需要看成本工程是不是嵌入了企业的整个产品过程！

如图 1.3 所示，成本工程是并行于研发、采购、生产、质量、财务的功能部门。无论是新产品的开发，还是量产产品的成本优化，都有成本工程的参与或者主导。研发、成本工程、采购、生产、质量、财务等部门组成制造企业的一个矩阵式网络，在每个网络节点上都有严格定义好的输入物、方法流程和输出物。

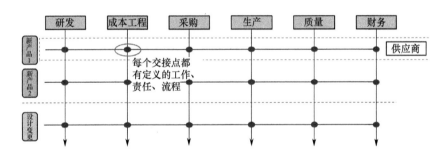

图 1.3 产品过程中的成本工程

以开发一款乘用车的产品过程来看（见图 1.4），在（−40）个月的节点上，需要设定目标成本及每台车的收益目标；

在（−33）个月的节点上，造型已经开展初步工作后，对整车成本做一个初步预测；

在（−36 月开始至−19 个月）期间，在数据冻结前，针对主要子系统，按目标成本进行设计；

在（−19 个月至 0 个月）期间，需要成本工程部门针对研发期产生的设计变更实施严格的成本优化及控制；

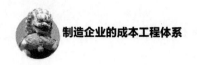
图 1.4 一款乘用车的一级开发大日程

在（−13）个月的节点上，对成本目标达成情况做一个小结；

在（−4）个月节点上，进行目标成本达成确认会议；

在（0）个月节点之后（量产后），成本工程部门将主导做降本增效/VAVE工作。

1.2.4　研发成本企划

1.2.3 节介绍了嵌入产品过程的成本工程及其流程，目的就是要优化产品成本。另外，为开发一款新产品，也需要一次性投入很可观的研发费用、模具费用及生产设备费用（包括新增的、修改的生产设备）。

图 1.5 展示了德国豪华品牌开发一款新的乘用车所需的一次性投资。

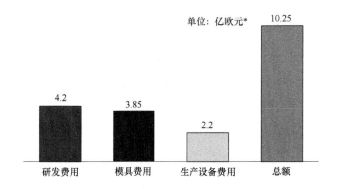

图 1.5　德国一款豪华品牌乘用车的一次性投资（研发、模具、生产设备）

这款新的乘用车一次性费用总额达到 10.25 亿欧元，其中，研发费用为 4.2 亿欧元，模具费用为 3.85 亿欧元，生产设备费用为 2.2 亿欧元。

4.2 亿欧元的研发费用对车企来说，是一笔不小的开支。如何精打细算，做到投入产出比最大化呢？

研发费用的其中一个主要部分是人工工时费用，还有样件（样车）费用，以及验证费用，研发费用科目见表 1.2。

---

* 本书案例大多来源于真实的工程实践，因此在数据单位上保留了工程中所用的单位。

表 1.2　研发费用科目

人工（工时）	设计、造型、CAE 等
样件（样车）	含软模（非量产模具）、3D 打印件
验证	台式功能和耐久测试、路试

研发企划的主要内容：人工工时企划、样件企划和验证企划。

企划的目的就是优化人工工时、样件和验证费用。首先，从人工工时入手。因为不同的产品，需要不同的人工工时。

当制造企业还没有多少人工工时经验数据的积累时，需要建立一个新产品项目——人工工时记录 IT 系统。比如德国奔驰汽车有这样一个人工工时记录系统 K@ET/RMSplus，每周每个参与某款车型研发的人员都要登录这个系统，记录这周为这款车型，为其中哪个子系统、哪一类研发所工作的相应工时。

该车型研发结束后，人工工时记录系统内就有了一个完整的人工工时明细，设计哪个子系统用了多少个人工工时，验证哪个子系统用了多少个人工工时，整车集成和验证又用了多少个人工工时，开了多少次技术研讨会议（多少人参加、多长时间）等。

同样，要对样件和验证费用科目做一个明细记录。

表 1.3 是作者依据多年研发成本企划的经验，分析并推荐的研发费用优化点子。

表 1.3　研发成本企划

	当前在研产品	下一个在研产品优化潜力
人工工时	设计、数模建立	部分数模委托第三方
	造型	部分 CAS 数模委托第三方
	CAE	增加 CAE，同时减少部分验证
	技术研讨会	减少会议，设立企业会议结构
样件（样车）	台式测试样件	
	路试样件	重复使用
	软模、3D 打印件	时间节点优化，减少软模、3D 打印件需求
验证	子系统验证	充分利用 CAE，减少子系统验证
	路试	减少样件（样车）使用数量，组合优化验证科目；依据客户实际使用情况优化
	极限路况测试	依据客户实际使用情况优化

1.2.5　模具成本企划

模具成本企划类似研发成本企划，需要一个数据积累的过程。图 1.6 中德国一款豪华品牌乘用车 3.85 亿欧元的模具费用，按照各车型、各系统，其分布如下。

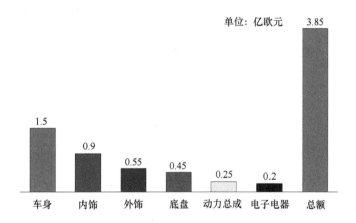

图 1.6　德国一款豪华品牌乘用车各系统的模具费用分布

其中每个系统又含有数十个子系统，模具成本企划就是要对产品在子系统级别上，做一个模具成本预测。

每个子系统根据制造工艺的不同，需要一个或多个模具。按照参照成本计算模型，单个模具是可以计算出来的。

如图 1.7 所示，这是一个乘用车组合开关外罩用注塑模具的实例，该模具是为一台 5,000kN 水平注塑机设计的，一模一件，生产节拍为 60 秒，模具长、宽、高为 446 毫米、446 毫米、348 毫米，模具重量为 544 千克。

模具制作主要分为三个阶段，第一阶段是模具设计、数控编程，第二阶段为模具加工，第三阶段为模具调试。依据各个阶段的单位工时成本、所需时间，可以计算出各个阶段的成本。

模具成本明细　（注塑）

基本参数

子系统编号		材料	
子系统名称	组合开关外罩	状态	
零部件名称		更改	
零部件编号		日期	
		供应商	

模具数据

工艺	计算附件	零部件名称 □	草图 □
快速件 □		模具名称 □	□
注塑 ☑			
冲压 □	**设计**	**制造总件数　件**	**推杆种类**
其他 □	一模几件	模具完成度　　%	标准推杆 ___ 件
	计算节拍　1 分钟		内部推杆 ___ 件
模具种类	设备吨位　5000 kN	**注塑嘴**	液压推杆 ___ 件
快件模具 □		正常 □	
量产前模具 □	**模具尺寸**	加热 ☑ 嘴	**自制、外包**
量产模具 ☑	长　446　mm	加热道和	自制 ☑
	宽　446　mm		外包 □
模具状态	高　348　mm	**模具分离**	模具制造商
第一次模具 ☑	重量　544　kg	光滑分离平面 ☑	产地
后续模具 □			
模具修改 □		曲面分离面 □	

模具的特殊点

模具材料种类：　钢 ☑　铝 □　　塑料 □　木 □　其他

成本明细

骨架/标准件/材料				10,741 欧元
加热道、加热嘴				1,520 欧元
表面（涂层、皮纹）				67 欧元
模具设计（CAD）	152.40 小时	60 欧元/小时		9,144 欧元
数控编程	78.60 小时	60 欧元/小时		4,716 欧元
铣	7.70 小时	55 欧元/小时		424 欧元
高速切削（HSC）	325.40 小时	61 欧元/小时		19,849 欧元
磨	67.30 小时	45 欧元/小时		3,029 欧元
车	5.90 小时	45 欧元/小时		266 欧元
电火花	344.30 小时	53 欧元/小时		18,248 欧元
组装	243.42 小时	45 欧元/小时		10,954 欧元
深孔转	33.10 小时	50 欧元/小时		1,655 欧元
	小时	欧元/小时		0 欧元
调试	小时	欧元/小时		4,028 欧元
模具成本小计				84,640 欧元
模具附件费用	%	0 欧元	%	0 欧元
原因：				
模具成本总额		0 欧元		84,640 欧元

图 1.7　组合开关外罩模具成本明细

　　通过计算，这个组合开关的模具参照成本为 84,640 欧元。计算模具参照成本的能力，是做模具成本企划和模具成本优化的基础。比如，在模具计算明细中（见图 1.7），电火花加工工时较长，约 344.3 小时，是不是可以用高速切削（HSC）替代部分电火花加工呢？因为高速切削的加工速度大大高于电火花加工。

以这个组合开关外罩模具为例，我在德国奔驰汽车负责成本工程工作时，供应商的模具报价是 118,000 欧元，通过设计优化、商务谈判，最终双方达成了 89,000 欧元模具费用的协议。

1.3　成本工程体系标准化（ISO/GB CE）

制造企业的质量体系有 ISO 9001 标准及相应的考核机制。

对于成本工程体系，首先探讨如下几个问题。

（1）制造企业需要成本工程体系吗？

（2）成本工程体系的标准什么？制造企业需要满足哪些条件？

（3）颁发给制造企业成本工程体系合格证书，需要怎样的考核机制？

第一个问题的回答是肯定的：**制造企业需要一个成本工程体系。**

我在 1.2 节描述了成本工程要成为一个体系，需要：

☐　企业框架下的独立组织架构

☐　嵌入产品过程的成本工程方法和流程

☐　实施成本工程的绩效考核 KPI 机制

我认为，成本工程体系的标准，有如下内容（见表 1.4）：

表 1.4　成本工程体系的标准

要　　素	特　　征
成本工程组织架构	与研发、质量、生产、采购、销售、财务等部门并行的、独立的功能部门
	与研发部门人员有 1∶10 至 1∶20 的人员配置
	成本工程师多有产品研发和制造工艺经验，是高端技术人员
成本工程方法和流程	嵌入产品过程（新研发产品、量产产品）
	设定产品目标成本，目标成本分解到子系统

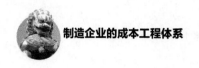

（续表）

要　素	特　征
成本工程方法和流程	产品商务案例计算（净现值 NPV）
	按目标成本进行设计
	参照成本计算
	设计变更控制
	量产后的降本增效（VAVE）
绩效考核（KPI）	成本目标（降本目标）KPI 占比大于等于 25%，并真正实施
	成本工程方法培训

　　如同质量体系标准一样，制造企业要获得一个满足成本工程体系标准的证书，需要一个独立的第三方来考核、颁发。

　　制造企业如果有一个满足成本工程体系标准的证书（ISO/GB CE），也间接地说明该企业在成本工程方面所做出的努力、标准和效率，在保障产品质量和客户功能的前提下，使产品成本最优，这是企业的一个"品牌、效率"标签。

　　成本工程体系标准需要每隔一段时间（如每两年），重新评审。

第 2 章

成本工程在国内外制造企业的实践

自 20 世纪 90 年代起，国际上一些大型制造企业逐渐意识到成本工程对企业的帮助巨大，开始将单一功能的部门，如财务部成本核算、采购部报价评估、生产工厂精益改善等，抽调人手组建为在企业组织框架下独立的、贯穿全部产品过程的成本工程部门，并逐步搭建了完整的体系、流程和方法。

1990—2019 年，欧美日发达国家的大型规模制造企业，逐渐都成立了成本工程团队，有的称为价值分析和价值工程（VAVE），日本称为原价企划。德国奔驰汽车有 800 人的成本工程师团队，丰田、日产也都有数百人的团队。在零部件供应商中，如 Lear、Delphi、Kostal、Hella 等也设立了成本工程师，但尚未有全建制的成本工程体系（见图 2.1）。

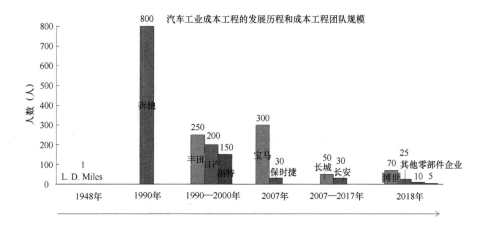

图 2.1　汽车工业成本工程的发展历程和成本工程团队规模

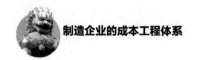

成本工程是从产品定义、研发开始介入的，优化产品设计、选择最佳的材料和制造工艺、优化设计变更、优化物流成本等，在保障产品性能和质量的前提下，降低成本，提高企业盈利，增强企业的市场竞争力。

在中国，许多制造企业对成本工程完全没有概念，不清楚这个团队做什么？什么是成本工程？是做成本？还是做工程（技术）？

仅有少数合资或外资企业，设有很小的成本核算团队，但这些企业在中国基本不设研发部门，或者现有的国内研发部门承担很少的研发任务、少有产品决策权力，因此这样的团队实际作用不大。

目前成本工程在中国还处于初始阶段，中国制造企业要降低成本，提高盈利，在成本工程方面还需要做许多工作，需要搭建一个设立在企业组织框架下的成本工程体系，引进系统的成本工程方法和流程。

近年来，国内的制造企业在快速发展，组建专业成本工程团队的意识也在觉醒，个别企业，比如长城汽车组建了原价重量企划部；长安汽车有了自己的原价所；吉利汽车有了 VAVE 工程师。但是，大多数零部件制造企业，还没有对成本工程在产品过程中的重要性、对企业的贡献有深入的了解，认为"成本工程是企业的一个'业余爱好'，可有可无，想起来就做一点"。

成本工程是一个系统工程，要成为一个合格的成本工程师或成本工程管理者，需要深入了解客户需求，对产品开发和制造工艺有较多的经验，拥有较强的跨部门、跨学科合作的协调性和推进工作的艺术。

成本工程不只是成本核算或报价评估，也不只是精益生产，而是协同研发、财务、采购、工艺和质量等部门，组成一个同步工程团队（Simultaneous Engineering），从产品功能/性能、成本、工艺和质量参数上着手，做到最优。

成本工程体系、方法和流程对制造企业是至关重要的，是企业框架下必不可少的一部分，成本工程体系能为企业降低 5%～15%的产品成本。**未来制造企业的核心工作有三点：产品创新、智能制造、降低成本**。而这里，成本工程就不只是降低成本了，在优化产品设计、制造工艺、提高客户满意度等方面，成本工程也提供了坚实、可靠的基础。

2.1　成本工程在欧洲制造企业的实践

欧洲的多数制造企业，起初依然把成本当作数据来进行管理。

在财务部门，要计算某个产品的净利率，或者计算整个企业的收入、支出，需要各种科目的成本数据；在财务部门有了成本核算科室。

在采购部门，得到一个供应商的报价书，需要分析报价书的合理性，要对报价明细做一个成本分析；在采购部门有了一个成本分析组。

产品研发项目中有三个要素：质量、成本、时间。项目需要管理、汇报成本状况，不能由项目总监一人来完成，增加了项目的成本管理人员。

在销售部门，需要给客户一个报价书，首先需要人员能够计算产品成本，销售部门增添了产品成本估价人员。

......

成本与数据归纳、分析、管理、控制联系上了。

事实上，成本与技术是最相关的，与产品设计、产品生产相关联。

直到 20 世纪 90 年代，成本在欧洲的制造企业才慢慢与技术挂上了钩。

1990 年，德国奔驰汽车专为"成本"设立了一个独立的成本企划部门，后来改名为产品成本工程（Product Cost Engineering）部门，它分布在轿车、商务车、卡车及大巴事业部，拥有成本工程师约 800 人，是仅次于生产、研发的第三大部门。

德国奔驰汽车的产品成本工程部门在产品定义、产品研发、产品生产各阶段，在保障产品质量和客户功能的前提下，通过技术优化降低产品成本；目前，已经形成了一个全建制的成本工程体系，包括嵌入产品过程的方法、流程、大数据库（见图 2.2）。

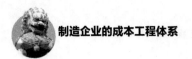
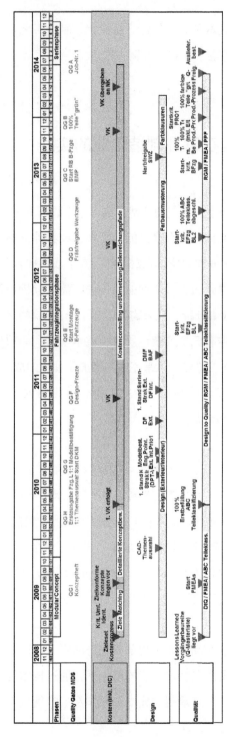

图 2.2 嵌入产品过程的成本工程（奔驰汽车某新车型开发大日程）

德国奔驰汽车产品成本工程部门的主要工作有：

（1）依据技术方案和相关数据，计算零部件的参照成本（REC0：零级参照成本），发放给采购部门作为采购目标成本；协助采购的商务谈判；

（2）由研发、成本、质量作为三个核心成员组成的模块小组（整车共有约 92 个模块小组），负责所有车型的技术方案、成本、质量；以跨学科、跨部门的同步工程工作方式，设计出满足成本和质量目标的模块（子系统）；

（3）对每个设计变更、配置变更做出成本变化的评估和计算（包括零部件成本、模具费用）；

（4）成本工程部门也负责竞品分析、模具企划、成本大数据库；

（5）产品量产开始，成本工程部门计算出 REC1（一级参照成本）。

德国宝马汽车从 2006 年开始借鉴奔驰汽车的经验，也建立了一个成本工程部门，目前约有 300 个成本工程师。

零部件制造企业对成本工程的认知相对晚了一些，它们多数还停留在成本管理层面，做一些必要的降本增效工作。

有些大型零部件企业甚至没有成本工程部门（它们有销售部门的成本估计人员，或者财务部门的成本管理人员）。

2018 年年初，德国博世公司决定成立各事业部的成本工程部门。

2.2　原价企划在日本制造企业的实践

"原价"是日语中使用的汉字，词义就是"成本"。以丰田汽车为代表，其设立了商品企划、产品企划及原价企划部门。

其中商品企划隶属销售，它以市场和客户为中心，定义新产品需要的功能和特征，交付给隶属研发部门的产品企划和原价企划部门（见图 2.3）。

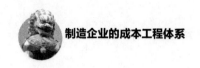

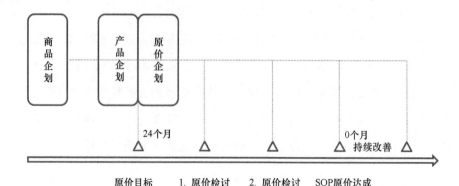

图 2.3　丰田汽车的商品企划、产品企划和原价企划

产品企划依据商品企划部门的输入，对新产品作出技术规划；同时，原价企划设定原价目标。

任命一位总工程师，他对整个新产品负责，包括客户功能、原价、质量、时间节点。

在新产品研发阶段，有多次高层（副总裁）参与的原价检讨会议，评审原价状况。

在不同的时间节点，定义了不同的原价达标率，比如第一次原价检讨要求原价达到原价目标的 95%，第二次原价达标率 97.5%，在 SOP 原价达标率为 100%。

丰田汽车有一个数百人的原价企划团队。

丰田汽车重视对量产产品的原价递减、消除浪费工作，这些工作融入了丰田整个的生产系统。

日产汽车（Nissan）也有类似的原价企划团队。

零部件供应商，比如电装（Denso），也有原价企划人员，负责零部件开发初期的原价估算，支持销售为客户提供报价，推进零部件原价改善项目。这是多数零部件制造企业在原价企划方面的主要工作。

2.3　成本估算师在美国制造企业的实践

这里以福特汽车公司为例，成本估算师在财务部门下，成本估算师的主要工作是：

☐ 选出明星零部件，所谓明星零部件，就是降本潜力大、实现（技术、商务）可能性较高的零部件

☐ 计算/估算这些明星零部件的成本

☐ 和采购一起，与供应商技术沟通、商务谈判，达到降本目的

在通用汽车，他们被称为成本工程师，他们的主要工作是：

☐ 根据产品设计技术方案，估算零部件成本，作为设定采购目标价的依据

☐ 在产品研发初期，设定零部件成本目标

☐ 对 ECR（工程设计变更）做成本变化评估

☐ 协助研发及产品项目组，在开发过程中推行降本方案

零部件制造企业有类似日本零部件制造企业的分工，成本工程师的主要工作是在零部件开发初期做成本估算，支持销售部门报价；推进零部件成本优化工作。

2.4　成本管理在中国制造企业的实践

在介绍中国制造企业成本管理的实践之前，首先讲述一个我的亲身经历：2018 年，我有一次与一家中国大型零部件制造企业（A 股上市公司）高

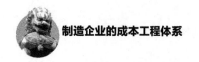

层对话，对话主题是"降低零部件成本"，研发负责人说道："我们为什么要降低零部件成本，降低 10 元，全部被车企拿去了，我们还要投入设计和验证成本，却没有任何收益！"令人印象深刻！

"成本"二字在多数制造企业里，依然被认为是"管理"出来的。许多制造企业没有成本工程部门，成本多放在财务、项目、采购部门。

我有一位在福建戴姆勒商务车合资公司工作的德国奔驰汽车同事，负责成本工程，他有一次在电话里跟我谈起了一段令人啼笑皆非的经历。

在一次与供应商谈判时，他做自我介绍时说道："我是负责成本工程的。"供应商不解地问道："您是负责成本，还是负责工程（研发）的？"他回答道："成本工程，成本和工程是连在一起写的！"花费了一阵口舌，供应商才理解了他的工作内容："成本工程就是用技术来优化成本。"

中国的制造企业应该醒醒了！**成本与工程（产品设计和制造）是一对一的关系，所以称为成本工程，**产品成本不是靠管理出来的，产品成本是设计和制造出来的！成本的优化就是优化产品设计和制造工艺。

近年来，中国制造企业开始认识到成本工程对企业的重要作用了。

以长城汽车为例，随着技术中心的改革，2015 年长城汽车委托我搭建了一个全新的原价重量企划部，并主持原价企划、重量企划（轻量化）工作。长城汽车原价企划隶属技术中心，有如下主要工作（见表 2.1）。

表 2.1　原价企划工作内容

工作内容	注　　解
新车型商务案例计算（净现值 NPV）和敏感度分析	输入物：预测销量、预测售价、目标净利率等
设定整车目标成本、目标配置	配置表清单、新增配置成本估算
分解整车目标成本至各个子系统	初始 BoM
按目标成本进行设计	数据冻结前
设计变更成本评估	设计变更技术方案
量产后 VAVE	

长城汽车的原价重量企划部门主导了 2016 年集团"全面消除浪费"项目，在 2016 年实现了降本增效 4 亿元，2017 年为 6.8 亿元。

长安汽车有一个原价所，比亚迪汽车有成本科室，吉利汽车在车型项目中有了 VAVE 工程师。

　　从零部件制造企业来看，多数还是没有全建制的成本工程体系，只是采用了成本工程的部分"功效"，比如销售部门报价时需要的成本估算，或者支持研发部门的零部件降本项目。

　　我期待着中国多数制造企业的迅速觉醒，搭建全建制成本工程体系，满足成本工程体系标准，提高企业利润和国际市场竞争力，保障和增加中国国内高附加值的工作岗位。

第 3 章

产品功能与产品价值

3.1　价值管理的起源

20 世纪 40 年代后期，战争造成的破坏使得资源和人力匮乏，这促使制造企业和服务型企业的专业人员及管理者们重新思考他们的产品设计或者服务构成，为怎样提供合理的客户价值，开辟出了崭新的一面。

1948 年秋，通用电气的一位工程师（准确地说，是一位采购经理）劳伦斯·D. 迈尔斯先生（Lawrence D. Miles），首次提出了产品或者服务的价值需要与它们的功能（Function）和性能（Performance）相匹配：

如果产品或服务具有适当的性能和成本，则通常认为该产品或服务具有良好的价值。或者相反，如果一个产品缺乏适当的性能或成本，它就被认为没有好的价值。

对产品或者服务从设计（构成）、用材（人工）、制造（流程）方面用一种科学的方法来分析和优化成本，从而产生了价值分析和价值工程（VAVE）的理念。

在保障质量的前提下，怎样以最低的成本实现同样的产品功能和性能，成为优秀制造企业或者优秀服务企业追求的标杆。

被人们称为"价值分析之父"的劳伦斯·D.迈尔斯先生提出："在保持性能的同时，价值总是通过降低成本来增加的！"

3.2 产品功能/性能与产品价值的关系

我们从分析手表的功能和手表的价值开始，这里选择了一款石英手表作为分析例子，其功能与功能载体如图 3.1 所示。

功能分类	功能-成本矩阵法（例子：石英手表）					
	主要功能成本（元）			次要功能成本（元）	形象功能成本（元）	
功能载体 ＼ 功能	产生时间间隔	时间间隔显示	固定零部件	给予保护	赋予形象	实现所有功能的总成本（元）
表芯	42.12	4.68				
刻度盘		7.61			4.10	
指针		7.80				
外壳			5.85	7.80	5.85	
玻璃表面			1.95	3.90	1.95	
表带			5.85		5.86	
电池	11.70					
总额（元）	53.82	20.09	13.65	11.70	17.76	117.02
约占总成本比例	46%	17%	12%	10%	15%	100%

图 3.1 一款石英手表的功能与功能载体

一个产品的功能可以分为主要功能、次要功能及形象功能，每个"功能"都有相应的"功能载体"来实现这个功能。

比如这款石英手表的主要功能是产生时间间隔、时间间隔显示、固定零部件，其中产生时间间隔的功能载体是表芯和电池，而时间间隔显示功能需要功能载体表芯、刻度盘及指针，固定零部件的功能需要外壳、玻璃表面及表带作为功能载体；这款石英手表的次要功能是给予保护，其功

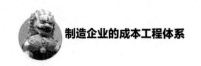

能载体是外壳和玻璃表面；形象功能的功能载体是刻度盘、外壳、玻璃表面和表带。

刻度盘有嵌入水晶的，外壳有不锈钢的，玻璃表面有蓝宝石玻璃的，一个功能，可以由不同成本的功能载体来实现，设计完成这款石英手表的主要功能只占用了约总成本的 75%，次要功能约占总成本的 10%，而为实现形象功能约占用了总成本的 15%。

依据不同的客户群体和客户愿意支付的价格，在实现主要功能、次要功能及形象功能时，设计工程师需要选择满足客户愿意支付价格的功能载体，这就是后续章节要详细描述的"目标成本过程"。

以上描述的分析方法，就是成本工程中的"功能-成本矩阵法"（Function Cost Matrix）。

一辆乘用车能够在道路上行驶，这是它作为乘用车产品所具有的行驶功能（Function）；它能够以 120 千米/小时在高速公路上匀速行驶，这是它的行驶性能（Performance）；驾驶员脚踏油门踏板，它可以加速，这是它的加速功能；如果它能够在 4.5 秒从 0 加速至 100 千米/小时的行驶速度，这就是它的加速性能；驾驶员脚踏刹车板，它可以减速，直至停止，这是它的制动功能；能够在 35 米内从 100 千米/小时的行驶速度制动至停止，这是它的制动性能；驾驶员可以用方向盘实现乘用车转向，这是它的转向功能；能够以多快的转向角速度转向，这是它的转向性能。

依据上面分析石英手表的功能-成本矩阵法，在乘用车的例子中，在功能的基础上，添加了"性能"的分类，它同样适用功能-成本矩阵法。图 3.2 所示为一款乘用车的功能/性能、功能载体/性能载体。

实现产品的功能/性能，都有相应的功能载体/性能载体，也就是说，需要相应的成本。价值（Value）是与实现功能/性能的成本成反比的，实现功能/性能的成本越低，价值就越高！

$$价值 = \frac{功能/性能}{实现功能/性能的成本} \tag{1}$$

功能—成本矩阵法（例子：乘用车）

功能分类／功能 功能载体	主要功能成本（元）					主要性能成本（元）					次要功能/性能成本（元）	形象功能成本（元）	实现所有功能和性能的总成本（元）
	行驶	视野	加速	制动	转向	匀速行驶	加速性能	制动性能	转向性能	安全性能	舒适性能	赋予形象	
发动机	5,000.00		2,000.00			1,000.00	3,000.00						
变速箱	3,000.00		1,000.00			3,000.00	1,000.00						
底盘	2,000.00		500.00			1,000.00	500.00						
车身	4,000.00		1,000.00			1,000.00		1,000.00		4,000.00			
座椅	1,000.00		500.00			1,000.00				500.00			
制动系统				1,000.00				1,000.00					
转向系统					2,000.00				500.00				
照明系统		5,000.00											
空调、暖风系统											3,000.00		
降低噪声、震动（NVH）											500.00		
装饰件												5,000.00	
总额（元）	15,000.00	5,000.00	5,000.00	1,000.00	2,000.00	7,000.00	4,500.00	2,000.00	500.00	4,500.00	3,500.00	5,000.00	55,000.00
约占总成本比例	27%	9%	9%	2%	4%	13%	8%	4%	1%	8%	6%	9%	100%

图 3.2　一款乘用车的功能/性能、功能载体/性能载体

从客户的角度来看，价值有两个参数：

- ☐ 价值的内容
- ☐ 价值的重要性

也就是说，在功能/性能一样的条件下，降低成本，就是增加价值，这就是人们常说的产品的性价比！

产品的功能，是客户的第一需求，产品的功能是有还是没有的区别（0或1）；

而产品的性能，是客户的第二需求，产品的性能是低或高的区别（0%～100%）。

客户对性能的追求，是有一定的界限的，如价格。

假如为实现某个性能值，所花费的成本太大，导致市场价格太高，客户可能会选择降低或者放弃这个性能指标，在这种情况下，这个价值对客户来说就是不重要的。

乘用车的主要功能——行驶、加速、制动、转向，是客户对乘用车的第一需求，是由相应的功能/性能载体（成本）实现的。

而客户对于加速性能、操控性能等，就是次要需求了。如果在设计这款乘用车时，花了较大的成本，去实现某个性能指标（比如用 4.5 秒从 0 加速至 100 千米/小时），而目标客户认为这个性能对客户来说不是重要的，那就是得不偿失了。

客户功能/性能的重要性越高，投入资源和成本的重点就要在这些功能上；反之，就要减少或者取消相应的投入资源和成本。

3.3 价值管理的精髓

价值管理是一种以目标为导向的工作方式，是应用适当的方法，考虑人的行为方式、环境及企业管理架构，全方位有效实施并优化产品、工作流程、服务的过程。

因此，价值管理是一个整体概念，它包含了如下的主要科目：

- [ ] 价值分析和价值工程（Value Analysis & Value Engineering，VAVE）
- [ ] 按目标成本进行设计（Design to Cost）
- [ ] 参照成本计算（Reference Cost Calculation）
- [ ] 对标分析（Benchmarking）
- [ ] 同步工程（Simultaneous Engineering）
- [ ] 生命周期管理（Life Cycle Management）
- [ ] 模块化战略（Modular Strategy）
- [ ] 生产体系优化（Production System Optimization）

价值管理贯穿整个产品的生命周期，从设计初期的按目标成本进行设计、同步工程、模块化战略，到生产体系的优化及产品生命周期管理，价值管理的核心元素如下。

（1）以功能为准的观察方式。

产品的技术方案将以功能为基础分解、抽象出来，列出每个功能对应的成本，这些功能是产品要求书的核心组成部分。

（2）有组织的、系统的创造性。

通过系统的创造性方法，使团队产出非常规的、崭新的技术解决方案。

（3）跨学科、跨部门的团队工作。

团队由跨学科、跨部门的人员组成，团队人员不仅有来自研发的人员，也有来自成本工程、质量、销售、财务、制造、采购的人员，复杂的问题需要系统地分解、抽象，团队人员依据各自的知识和经验，形成互补关系，达成一个全方位的解决方案。

（4）系统的工作方式。

价值管理的工作计划（包括工作计划的每个步骤）都要有序地、坚定地实施；工作计划中的各种方法、工具要精准应用；整个工作计划对参与团队

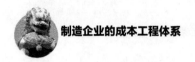

和决策层要透明。

（5）网络式的思维方式。

保障跨学科、跨部门的思维和行为方式，以达到以客户为中心的企业目标。

（6）目标量化。

成本、质量的目标需要量化，客户需求的价值和质量特征要在最少的资源和成本投入下实现；如图 3.3 所示，在质量、成本、时间的三角关系中，价值管理的目的就是实现价值的优化。

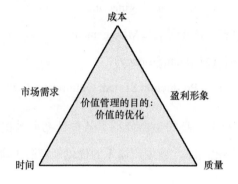

图 3.3　价值管理的目的

第 4 章

产品过程

产品过程是指产品定义、研发、生产、交付给客户使用，直至产品生命周期结束的全部过程。

产品过程也确定了产品自身的成本，尤其在产品过程初期（产品定义和产品研发初期），85%的产品成本已经形成，后期产品的成本优化空间在15%左右。

我将用一定规模的篇幅详细描述产品过程，其目的就是帮助读者把握产生成本的主要来源和原因，然后应用接下来篇章介绍的成本工程方法，系统地优化产品成本。

4.1　产品过程的定义

产品过程包含了如下的阶段（见图4.1）：

- ☐　产品定义阶段
- ☐　产品研发阶段
- ☐　产品生产阶段
- ☐　产品销售、售后服务阶段

图 4.1　产品过程的各个阶段

1. 产品定义阶段

首先，产品定义阶段是产品过程的第一阶段，主要需要做以下工作。

（1）目标客户分析（Target Customer Analysis）。

当新产品投放市场时，产品的哪些功能/性能是客户需要的？这些功能/性能对客户的重要程度是多少？客户对现有产品的满意度怎么样？图 4.2 展示了一款乘用车主要客户功能/性能在客户心目中的重要程度（客户回答频次率，100%为最高）。

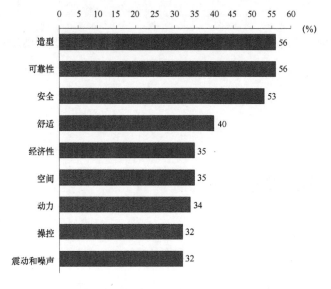

图 4.2　一款乘用车主要客户功能/性能在客户心目中的重要程度

奔驰汽车在客户心中的形象多是"安全""舒适""豪华"，宝马汽车则是"运动""操控"，丰田汽车又是"可靠""省油"。

这些标签是客户的真实评价，甚至是选择某个车型的决定要素。这些标签也是厂家需要维护（研发投入、销售宣传）的，也是投入资金的重点。

同时，通过现有产品的客户满意度调查，找到不足之处，并予以改善，图 4.3 所示为客户对现有产品的满意度调查结果。

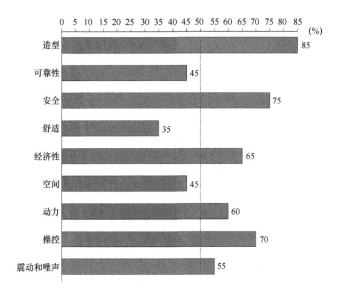

图 4.3　客户对现有产品的满意度调查结果

依据现有产品的客户满意度调查，高于 50%以上表明客户对这些功能/性能较为满意，低于 50%则客户不太满意。

以图 4.3 客户对现有产品的满意度调查结果来看，客户对造型、安全、经济性满意，对可靠性、舒适、空间不满意，改善这些客户不满意的功能/性能，是新产品开发的重点和方向。

针对每个客户不满意的功能/性能，必须要设定改善目标。

可靠性，现有产品每 1,000 台有 350 次单次失效或者客户抱怨，改善目标为 250 次单次失效或者客户抱怨，可靠性目标提高 28.6%。分析每次单次失效或者客户抱怨的技术原因和涉及的子系统，在新产品创建相关子系统的技术方案时，要避免失效或者客户抱怨，这也就是按质量目标（可靠性目标）进行设计的原则（Design for Quality）。

舒适性，是一个客户使用产品时的综合主观感受，需要解析式地梳理。

它涉及整车视野、座椅、动力总成、底盘等系统。整车尺寸，座椅的人性化设计、包覆、可调节性，动力总成加速、换挡的平顺性、震动和噪声，减震器的振幅、硬度调节，这些都会影响客户对舒适性的主观感受。找出影响舒适性的主要子系统，比如座椅的包覆、变速箱的控制软件、减震器弹簧的设计，从而定义新一代子系统的开发目标。

空间，又分为座舱空间和行李箱空间，都是客户使用的空间，影响客户满足出行、物件运输的目的，同时也影响客户的舒适感。整车尺寸（长、宽、高）的定义、前排座椅和后排座椅空间的改善、增加行李箱大小、提高装卸行李的方便性，成为新产品整车企划和尺寸工程的重要工作。

以上这些改善点子都会输入所谓的《产品企划书》。

零部件制造企业同样需要做目标客户分析，区别在于产品不是供给终端客户，而是供给下一级制造企业。需要考虑客户对产品的可靠性是否满意？对废品率（ppm 值）要求是否合理？客户是否认为价格过高（需要企业自身做成本优化）？还是客户的产品要求书某些科目超出正常范围？等等。

制造企业通过目标客户分析，寻找出未来产品的定义和开发方向。

（2）技术路径规划（Product & Technology Roadmap）。

新产品定义了上市日期，从产品定义的第一天起，直至上市之日，有哪些技术创新可以商业化了？这些可商业化的技术创新又有哪些适合运用到定义的新产品里？

图 4.4 是一款奔驰 6 座商务车的技术路径，从图 4.4 的案例可以看出，这款 6 座商务车重点是以客户为中心而做的技术路径，都集中在内饰、人机交互和配置上。

客户重要程度是技术路径的指导方向，如"可拆卸座椅""座舱氛围灯""感应式电动后背门""行人保护"等。

奔驰商务车的第一客户部门专门为"可拆卸座椅"组织了一次样件评估，把可拆卸座椅安装在后排座的固定铝合金轨道上，让各部门的工程师们来尝试拆卸，有男同事、女同事，有的力气较大，有的力气较小。

技　术	描　述	第一目标车型	开发时间段	客户重要程度	注　解
内饰和人机交互					
仪表板集成储物方案	直线仪表板加强梁：中区模块化设计，便于安装导航系统、行车记录仪等	BR1		50	
CO_2空调	二氧化碳作为空调媒介	BR1		50	
新空调方案：提升驾驶员舒适性（第一级和第二级）	无吹风感的多功能空调（含多点式、分散式出风）；流体仿真辅助设计	BR1		50	
新空调方案：不加热（几乎不加热）	紧凑型除霜	BR1		50	
预先或者静态空调	静态空调方案，提升刹闸进入座舱的舒适度	BR1		25	
分离人机交互和空调控制	提升组合仪表标准化和人性化	BR1		23	
可拆卸储藏柜	提升客户使用便利性、舒适性	BR1		75	
座椅集成小桌台	提供后排座使用便利	BR1		50	
可变后排座椅	设计可变形状，用于坐或者蹲的位置	BR1		25	
配置					
座舱氛围灯	提升座舱夜间使用的可视度、舒适度，以及乘客进出座舱的安全性	BR1		75	
内饰照明	集成不同的颜色、照明方式	BR1		25	
副驾驶边进入把手	帮助乘客易于进入	BR1		50	
翻滚气囊	在车翻滚时保护乘客	BR1		25	
家庭和孩子友好的内饰	由多个方案构成	BR1		50	
电子自动控制遮阳帘	连续控制遮阳帘	BR1		50	
感应式电动尾门	便利使用后背门	BR1		75	
新电动侧推门方案	无级可停	BR2		75	
LED 尾灯		BR2		25	
车身部分激光焊接	提升车身刚度、降低车身重量	BR1		25	
行人保护	前保险杠、机盖新方案	BR1		75	法规要求
新轻量化车身	钢、铝、塑料混合设计	BR1		25	降低油耗
cd值（空气动力学）优化的外饰	下车体包覆、车前部、车后部优化	BR1		75	
电控透光度玻璃	保护和提升座舱舒适度	BR1，BR2		50	

图 4.4　一款奔驰 6 座商务车的技术路径

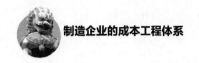

在打开锁定开关、翻转靠背、抓手点、取出座椅等环节同事们给出了改善建议，对座椅重量、座椅导轨、锁定开关、安全、目标成本要求等反复进行了优化，最终形成现在的系列量产方案。

（3）竞品对标分析（Competitor Benchmark）。

从客户要求出发，对比竞品的相关功能/性能，可以得出一个清晰的自身产品的市场定位。如果在某些客户要求上低于竞品，比如图 4.5 所示的产品的功能/性能对标，在可靠性、舒适、空间上还落后于竞品，在对照技术路径规划后，选出路径中的相应点子，写入《产品企划书》中。

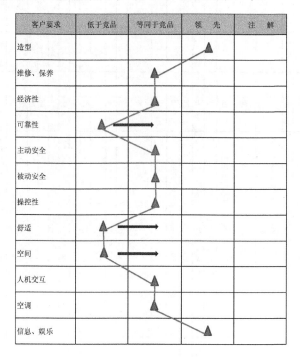

图 4.5　产品的功能/性能对标

（4）配置表（Feature List）。

配置表是在做了目标客户分析、技术路径、竞品对标后，由销售、研发、成本、财务等部门共同完成的，以满足目标客户的功能/性能要求和产品市场竞争力，配置表也是《产品企划书》的一部分。图 4.6 所示为一款乘用车的配置表（部分配置）。

配置名称		低配	中配	高配	顶配
动力总成		1.6L 涡轮增压 + 7DCT			
一、底盘转向					
1	前麦弗逊式独立悬挂	●	●	●	●
2	后双横臂式独立悬挂	●	●	●	●
3	电动助力转向	●	●	●	●
…	……	●	●	●	●
二、外部配置					
1	车身同色门把手	●	●	●	●
2	电动后背门	×	○	○	●
3	扰流板内置式天线	●	●	●	●
…	……	●	●	●	●
三、内部配置					
1	真皮方向盘	●	●	●	●
2	方向盘电加热	×	×	●	●
3	方向盘四向手动调节	●	●	●	●
…	……	×	●	●	●
四、座椅配置					
1	商务型座椅	●	●	●	●
2	皮革+仿鹿皮绒座椅	×	●	●	×
3	真皮座椅	×	×	×	●
…	……	×	×	●	●
五、主、被动安全					
1	前排双安全气囊	●	●	●	●
2	前排侧气囊	●	●	●	●
3	前后一体式侧气帘	●	●	●	●
…	……	○	○	○	○
六、防盗装置					
1	智能钥匙	●	●	●	●
2	无钥匙进入系统	●	●	●	●
3	按键式一键启动功能	●	●	●	●
七、多媒体配置					
1	9寸TFT彩色液晶显示屏	●	●	●	●
2	Telematics	○	○	○	○
3	12.3寸全彩数字虚拟组合仪表	×	×	●	●
…	……	○	○	●	●
八、灯光配置					
1	大灯高度电动调节	●	●	×	×
2	LED昼间行车灯	●	●	●	●
…	……	×	●	●	●

图 4.6　一款乘用车的配置表（部分配置）

配置名称		低配	中配	高配	顶配
动力总成		1.6L 涡轮增压 + 7DCT			
九、空调/冰箱					
1	自动空调	●	×	×	×
2	双温区自动空调	●	●	●	●
3	粉尘过滤器	●	●	●	●
...	……	●	●	●	●
十、其他配置					
1	0.5千克灭火器	○	○	○	○
2	三角警告牌	●	●	●	●
3	急救包（出口车）	○	○	○	○
...	……	○	○	○	○
备注					
符号说明：×无此配置 ● 标准配置 ○选装					

图 4.6　一款乘用车的配置表（部分配置）（续）

在产品定义过程中，客户对产品的功能/性能要求是最重要的，配置表的精心选择，是成本工程的一个重要工作内容。

比如，客户是否真的需要 360 度环视这个配置？有多少场景会用到？

全景天窗配置，成本高，还增加整车重量和能源消耗，是不是可以改为小一点尺寸的普通天窗？

一切分析、梳理，无论是技术路径规划、竞品分析，还是配置表设定，都要以客户对产品的功能/性能要求为中心，以最小的成本去实现它们，使产品能够达到最高客户价值。

所以，制造企业需要一个准确的客户画像、清晰的技术路径和一个精准的产品配置清单，不多一个、不少一个！这就是成本企划（成本工程）的要领。

2. 产品研发阶段

产品研发阶段是产品从设计数据、图纸，经过产品验证、试装，直至量产的阶段。

产品研发初期产出技术方案，也就定义了约 85% 的产品成本。

产品验证过程得到产品的可靠性和耐久性结果。

试装则测试产品是否满足量产节拍和质量要求。

产品研发严格依据产品研发流程实施，图 4.7 所示为一款新车型的标准整车研发流程。

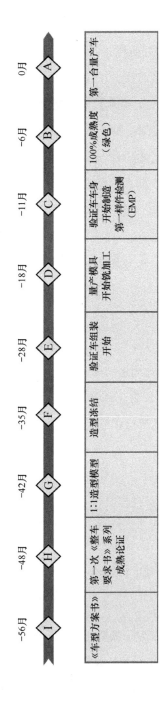

《车型方案书》	第一次《整车要求书》系列成熟论证	1:1造型模型	造型冻结	验证车组装开始	量产模具开始铣加工	验证车车身开始制造第一样件检测（EMP）	100%成熟度（绿色）	第一台量产车
I	H	G	F	E	D	C	B	A
−56月	−48月	−42月	−35月	−28月	−18月	−11月	−6月	0月

图 4.7　一款新车型的标准整车研发流程

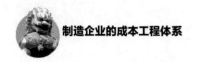

整车的研发流程分为 I、H、G、F、E、D、C、B、A 共 9 个阶段。

I 阶段，通常称为战略阶段，该阶段定义新车型的框架，输出物为《车型方案书》，描述了新车型的初步方案，需要 6~9 个月的时间。

H 阶段，从整车尺寸、整车性能、配置、目标成本、目标售价、预测销量、生命周期出发，对新车型做一个详细的描述和可行性分析，输出物为成熟的《整车要求书》，时间约 8 个月。

G、F、E、D、C、B 阶段，是整车造型、设计、验证及量产准备阶段，也是新车型研发的主要阶段。在这些阶段，应用各种成本工程的方法、流程，设计出成本最优的产品，时间约 42 个月。读者也许会问，真是需要这么长的时间吗？最终需要的时间，一方面取决于整车的研发深度（多少子系统需要重新开发），另一方面取决于有多少验证科目（功能验证、耐久性验证）及验证深度（需要两个冬试？两个夏试？）。

A 阶段，是新车型的量产阶段，连续性改善和 VAVE 工作是制造企业的"必修课"，直至产品生命周期结束。

整个研发流程主要分为企划阶段、造型阶段、验证阶段和量产准备阶段，每一阶段都有相应的节点和节点输出物清单（见图 4.8）。

其中的核心要点是：

☐　电子电气架构

☐　造型数据冻结

☐　量产模具制作

☐　100%第一样件量产释放

☐　第一台车量产

细心的读者会问，开发一款全新车，需要 56 个月吗？

准确地说，除去前 8 个月的战略规划阶段，标准整车开发周期的确是 48 个月。

不少车企只用 36 个月，甚至有些车企只有 24 个月的整车开发周期。

	I	H	G	F	E	D	C	B	A
时间	−56月	−48月	−42月	−35月	−28月	−18月	−11月	−6月	0月
节点	《车型方案书》	第一次《整车要求书》系列成熟论证	1:1造型模型	造型冻结	验证车组装开始	量产模具开始铣加工	验证车车身开始制造 第一样件检测（EMP）	100%成熟度（绿色）	第一台量产车
输出物	• 没有矛盾 • 对于方案有重大影响的子系统以及创新点的方案可行性已经确认 • 初步总布置和尺寸方案证实 • 对于方案有重大影响的电子电器架构完成	• 第一版《整车要求书》出版 • 100%整车方案可行性确认 • 总布置和尺寸方案确认	• 1:1造型模型制作出来	• 造型的外饰内饰冻结 • 《整车要求书》释放 • 《子系统要求书》书写	• 所有子系统可以进行验证 • 周期长的量产模具开始制作	• 100%量产模具释放 • 验证车的结构使其可通过碰撞试验	• 100%零部件来自量产模具 • 验证车开始制造 • 开始第一样件检测	• 第一样件检测结束 • 电子检测软件系列释放	• 生产试装结束 • 过程能力证实，过程绿色 • 所有《整车要求书》的目标在验证车上达到 • 质量释放 • 所有质量重点绿色

图 4.8　标准整车研发流程的节点和输出物

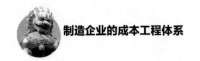

当然，研发周期的长短，决定了研发成本的大部分，缩短研发周期，也是为了适应客户和市场环境快速变化的需求，同时也降低了研发成本。

3. 产品生产阶段

产品生产是由一套完整的生产体系来实现的。除了熟悉的生产线，还有物流、能源、IT 等配套系统。

生产线体的布局、制造设备的利用率、每个工位的操作工作分配、紧固件和工具的布置、生产节拍，都直接影响制造成本。

物流区存货量、零部件的分配、包装分解、厂内运输，也是制造成本的一部分。

电、水、气等其他耗材的使用效率，同样是制造成本中必不可少的部分。

4. 产品销售、售后服务阶段

产品交付给客户，产品才开始它的最关键阶段。客户所需要的功能是不是可以正常使用？客户所期待的性能是不是达到了？客户在使用产品时是否出现失效，或者能不能正常使用？产品需要保修，产生的费用也是产品成本的一部分。

分享一个我在德国工作时的亲身经历：有一天，我一早驾驶车去奔驰集团研究中心上班，前灯的亮度一点点变暗了，车开着开着就停下来了，无法再启动，幸好有一位驾车路过的热心人停下，询问情况，然后帮助我电话联系拖车至维修站。

到了维修站，维修师傅一检查，发现发电机输出端的电压调节器（一个电子芯片）失效了，导致汽车一直在用蓄电池的电，发电机无法给蓄电池充电。换了电压调节器后，蓄电池充了电，我的车又可以重新启动了。作为客户，我当时就希望能有一个蓄电池能源储量的检测预警装置就好了！

现在一些车型拥有智能启停功能，包括蓄电池外连接的电流传感器，测量蓄电池的电流、电压、温度，控制发电机充电过程，也保护了蓄电池寿命，这是一大进步。

这样的功能和所花费的成本，是真实的客户价值！

讲一个宝马汽车销售员的故事：一位潜在客户来到 4S 店，观看一台 3 系车型，他触摸着座椅包覆问销售大使："这是真皮面料吗？""是的。""为什么要在真皮面料上打上这么多小孔啊？"这时，销售大使这样回答："真皮的透气性好，坐上舒适，增加了小孔，使透气性更好了，尤其在夏天，您会很喜欢的！"这样的回答堪称完美了。

真实的背景是什么呢？为什么要在真皮面料上打许多小孔？诚然，打上小孔的确提高了座椅面料的透气性；销售大使没有讲出的（或许他不知道的）另一个原因在这里：真皮多来自饲养的牛，牛在草地上跑动，有时会有伤痕，或者被牛虻叮咬也会产生伤疤、瑕疵，为了提高牛皮的利用率，打小孔除去部分这些瑕疵，既提高了面料的透气率，又提高了牛皮的利用率、降低了成本。

这是一个既增加了客户的真正价值，又降低了成本的实例。

在当前的互联网时代，售后服务极大地受到网上媒体的影响，这里有一个真实的故事：某车卖出后，曾收到 1～2 个客户反馈："在维修车时，维修工人告诉我，你们的车仪表板加强梁没有镀电泳漆。"这个信息传到售后部门，很快又升级到车企高层，高层担心因此而销量下降，所以决定把已经取消仪表板加强梁电泳漆的车收回。车企为此每年增加成本几千万元！

如果售后部门能够静心分析一下，情况可能有所不同：取消仪表板加强梁电泳漆不影响任何整车安全、性能和美观，对标奔驰、宝马、丰田，没有一个车型的仪表板加强梁有电泳漆；1～2 个客户的投诉、抱怨，不是 100个，甚至 1000 个客户的投诉，只能说是个例；售后服务人员可以给予客户耐心的技术解说和对比。

实质上，车企为此事每年花费几千万元的成本，已经不是真正的客户价值了！

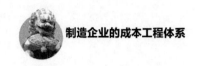

成本工程的精髓就是要把每一分钱都用在客户的真正价值上（Customer Value），用低的成本实现高的客户的真正价值。

4.2 产品过程中的责任矩阵（RASIC）

如图 4.9 所示，产品过程中的责任矩阵（RASIC）定义销售、研发、成本、质量、采购、生产、财务等主要部门的工作和责任。

科 目	销 售	研 发	成 本	质 量	采 购	生 产	财 务
目标客户分析	R、A	C	C	S			I
技术路径规划		R、A	C	C	S		
竞品分析		R、A	S	C			
预测销量、售价	R、A		C				S
产品目标质量		S	C	R、A	C	C	
产品目标成本			R、A		C		S
产品企划书	S	R、A	C	C	C	I	C
产品设计		R、A	S	S		C	
供应商定点		S	S	C	R、A	C	
产品验证		R、A				S	
第一量产样件释放				R、A	S	C	
设计变更		R、A	S		C		C
第一个量产产品		C		S	C	R、A	
量产产品成本核算			S		C		R、A

R：Responsible（谁负责）；A：Accountable（谁决策）；S：Support（谁支持）；
C：Consulted（咨询谁）；I：Informed（通知谁）

图 4.9　产品过程中的责任矩阵（RASIC）

4.2.1　研发部门在产品过程中的工作和责任

研发部门在产品过程中的主要工作是：

- [ ] 技术路径规划
- [ ] 竞品分析
- [ ] 产品企划书书写
- [ ] 产品设计
- [ ] 产品验证

研发主要对产品技术方案、产品可靠性符合客户对产品功能/性能的要求负责，并支持提高产品质量、供应商定点的工作。

4.2.2　质量部门在产品过程中的工作和责任

质量部门的主要工作是：

- [ ] 设定产品目标质量
- [ ] 第一量产样件释放

如图 4.10 所示，一款在研车型的质量目标设定从量产产品单次失效或问题的 350 次/每 1000 台，降低到 250 次/每 1000 台，而且，这 250 次单次失效或者问题要一一分解到相关的子系统中。

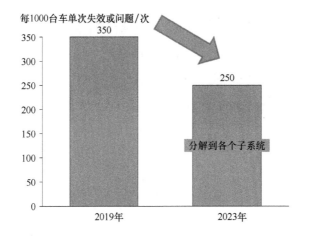

图 4.10　一款在研车型的质量目标设定

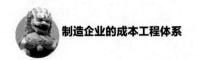

如果产品是一台乘用车，那么单个问题可能是车辆不能启动（蓄电池馈电）、车门窗不能关闭、驱动轴在某个转速产生共振、高速公里行驶风噪过高（外后视镜）、车辆行驶中后排异响、空调打开后噪声过大等。

质量工程师在产品过程中的主要工作和责任就是要和研发工程师、成本工程师一起，寻找出避免出现这些单个问题的技术设计方案或者补救措施，有些是对子系统技术的改进，有些要从整车层面做出架构改善。

第一量产样件的检测和释放，是质量工程师保障产品功能/性能的重要步骤，也可为量产时产品的生产一致性提供支持。

4.2.3　成本工程部门在产品过程中的工作和责任

成本工程部门在产品过程的主要工作是：

- □　设定产品目标成本
- □　与研发、质量等部门一起，以同步工程的方式对产品实施按目标成本进行设计过程
- □　评估设计变更的成本变化和设计变更的成本优化
- □　主导量产产品的降本增效工作

成本工程部门就是要在销售部门的预测销量、售价、企业盈利目标的前提下，推导出产品的目标成本，并分解到各子系统；在产品研发阶段，和研发部门、质量部门、采购部门一起，实施按目标成本进行设计的过程，产出满足目标成本的技术设计方案，以保障产品的目标成本如期达成。

第 5 章

成本工程的方法

成本工程有数十种方法，主要分为分析类、设计类、流程类。属于分析类的，比如价值分析、参照成本计算、多维度 ABC 分析；属于设计类的，比如型态盒创意法、成本-功能矩阵法、最佳对标法；属于流程类的，比如目标成本过程、精益生产等。

下面对主要在制造企业实战应用的成本工程方法做详细描述，并配上相应的实例。

5.1　多维度 ABC 分析

ABC 分析源于排列顺序，通常依据零部件或者子系统的成本数值大小，由大到小排列，同时设定分类额度限制，比如大于等于 100 元人民币的为 A 类零部件，大于等于 10 元并小于 100 元的为 B 类零部件，小于 10 元的为 C 类零部件。表 5.1、表 5.2、表 5.3 是一款乘用车的 ABC 分析结果。

表 5.1　A 类零部件/子系统（≥100 元）共有 110 个，占整车成本总额 79%

零部件/子系统名称	数　量	目标成本（元）	分　类
发动机总成	1	12,413.75	A
自动变速器总成	1	8961.48	A
后桥总成	1	2226.85	A

（续表）

零部件/子系统名称	数　量	目标成本（元）	分　类
电动转向器总成	1	2222.40	A
顶盖通风窗总成	1	2208.00	A
……	1	……	A
油冷器总成	1	100.00	A

表 5.2　B 类零部件/子系统（＜100 元且≥10 元）共有 423 个，
占整车成本总额 19%

零部件/子系统名称	数　量	目标成本（元）	分　类
防撞雷达控制器总成	1	99.20	B
前防撞梁总成	1	98.83	B
高位制动灯总成	1	98.59	B
杂物箱总成	1	96.28	B
左侧安全气囊总成	1	96.00	B
……	……	……	B
2.0L 发动机标牌	1	10.13	B

表 5.3　C 类零部件/子系统（＜10 元）共有 1016 个，占整车成本总额 2%

零部件/子系统名称	数　量	目标成本（元）	分　类
后防撞梁安装支架焊合	2	9.93	C
后地板盖板前加强板	1	9.83	C
右 B 柱下护板总成	1	9.69	C
左 B 柱下护板总成	1	9.68	C
隔热板	1	9.53	C
三角警告牌	1	9.49	C
……	……	……	C
开口销	2	0.02	C

通过 ABC 分析，可以从数千个零部件/子系统中筛选出成本数值最高的 Top100，成本占比 75%～85%，这样就可以抓住重点，进行详细的成本优化。

ABC 分析的缺点就是只有单一维度（零部件/子系统的单件成本），而没有考虑到：

□　市场渗透率

□　研发费用

□　模具费用

市场渗透率是指该零部件/子系统市场有多少家供应商可以提供，研发费用和模具费用是指为量产该零部件/子系统而投入的研发和模具费用。如果零部件/子系统的成本为 $C(x)$ 函数、市场渗透率为 $S(x)$ 函数、研发费用为 $D(x)$ 函数、模具费用为 $T(x)$ 函数的话，那么多维度 ABC 分析函数 $M_A(x)$ 就是：

$$M_A(x) = F_N \frac{C(x)S(x)}{D(x)T(x)} \tag{2}$$

其中，F_N 为标定参数。

多维度 ABC 分析与简单的、以成本为维度的 ABC 分析相比，排序结果会不同，这里市场渗透率、研发费用及模具费用直接影响多维度 ABC 分析函数 $M_A(u,x,y,z)$ 的值，通过多维度 ABC 分析，可以系统地找到降本潜力大（成本金额高）、一次性费用低（研发、模具）、市场容易实现（市场渗透率高）的零部件/子系统。

图 5.1 展示了一款乘用车多维度 ABC 分析的部分结果。排在前面的零部件/子系统是重点要做成本优化的，也是可行性较大的零部件/子系统。

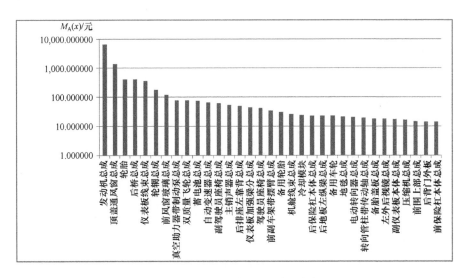

图 5.1　一款乘用车多维度 ABC 分析的部分结果

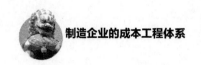

发动机在第一位，因为它的成本很高，顶盖通风窗总成排在第二位，虽然它的成本不算很高，但是一次性投入（研发、模具）较低，所以也排在前面了。

轮胎、后桥总成、仪表板线束总成等子系统排在较前面，都属于降本潜力大、一次性投入小的子系统。

而自动变速器等子系统，虽然这些子系统的单件成本较高，但是一次性投入（验证、模具）费用较高，所以排在后面了。

5.2 参照成本计算（Reference Cost Calculation）

成本是生产一个零部件/子系统产生的实际费用总和，它由以下部分组成：

- ☐ 材料成本
- ☐ 制造成本
- ☐ 管理成本

材料成本包含了原材料成本、外购件成本及厂区物流管理费用。

制造成本包含所有生产该零部件/子系统的加工工艺环节的人工费、设备折旧费、能源及制造管理费用。

管理成本的影响因素有销售/管理费用、研发费用、利润、包装和运输、废品率、模具分摊费等。

零部件/子系统的参照成本可以通过一个精准的数学模型计算出来，这个数学模型模拟了零部件/子系统的整个物流、制造和管理过程。

图 5.2 所示为一个成本计算模型，原材料通过厂内物流传送到制造车间，制造车间中的生产设备对原材料进行加工，加工后的半成品通过组装成为成品。

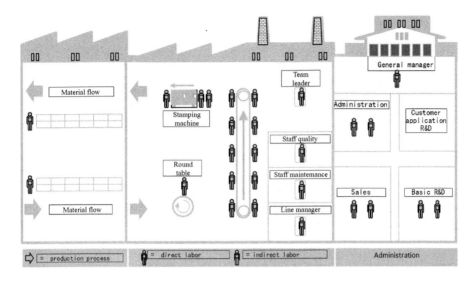

图 5.2　成本计算模型

在制造车间有直接参与生产的操作工、间接参与生产的质量检查员和设备维修员，以及制造车间的管理员。

再对组装好的成品进行包装、通过发货物流区发送给客户。

企业的管理、销售、研发等部门也产生费用，需要分摊到零部件/子系统的成本上。

成本计算分为两类。

第一类是按照量产状态（无论自制还是供应商制造）计算出来的成本，它涵盖量产状态的生产线体、工艺水平、管理水平。

第二类是假设零部件/子系统在标杆的生产和管理水平条件下，计算出来的零部件/子系统成本，称为参照成本（Reference Cost），有时也被称为"绿地计算"（Green Field Calculation）。

下面所描述的均为参照成本。

这里以一款乘用车的毫米波雷达罩为例子（见图 5.3），通过以上描述的计算模型，计算出它的参照成本是 234.52 元，成本明细如表 5.4 所示。

图 5.3　一款乘用车的毫米波雷达罩

表 5.4　毫米波雷达罩参照成本明细

材料成本	152.13 元
材料管理成本	3.96 元
制造成本	44.03 元
制造管理成本	6.48 元
销售、管理成本	14.46 元
利润	5.68 元
物流、运输成本	2.57 元
废品率成本	4.09 元
模具分摊成本	1.12 元
参照成本总额	**234.52 元**

材料成本明细：	
材料成本总额	152.13 元
前盖（PC 材料）成本	5.68 元
铟金属涂层成本	141.04 元
后盖（AES 材料）成本	5.17 元
黑色漆成本	0.12 元
防护漆成本	0.12 元

制造成本明细：	
制造成本总额	44.03 元
前盖（注塑）成本	0.75 元
PVD 涂层（铟）成本	24.93 元
后盖（注塑）成本	0.75 元
喷涂成本	0.55 元
组装成本	0.50 元
线上测试（EOL Test）成本	16.55 元

通过计算零部件/子系统的参照成本，可以得到如下两个结果。

(1) 成本明细：包括材料成本、制造成本、管理成本等。

参照成本计算结果可以直接用来评估供应商报价书的价格是否在合理范围。

图 5.4 所示为毫米波雷达罩供应商的报价，供应商 A 的报价明显不在合理范围，供应商 B、供应商 C 的报价在合理范围之内。这是一个真实的案例，供应商 A 在定点时已经不予以考虑，最终选定的是供应商 B。

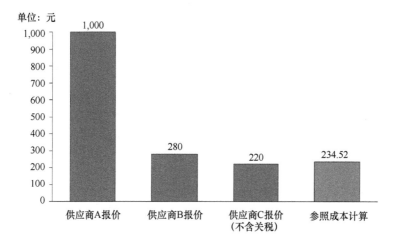

图 5.4　毫米波雷达罩供应商报价

另外，供应商是否提供成本明细？如果是，成本明细是否也在预测范围内？每个工艺步骤的生产节拍是什么样的？用参照成本计算模型计算出来的成本明细，比如材料成本明细、制造成本明细、管理成本明细，可以用来作为商务谈判的论据。

(2) 成本驱动点：从材料成本明细、制造成本明细中，选出成本最高的前 3～5 个。以上面的毫米波雷达罩为例，铟金属涂层成本 141.04 元、PVD 涂层成本 24.93 元、线上测试（EOL Test）成本 16.55 元，是毫米波雷达罩最大的 3 个成本驱动点。

这 3 个成本驱动点同时也是潜在的成本优化点，比如铟金属涂层厚度可

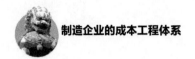

以减小吗？如何提高 PVD 涂层工艺的材料利用率？线上测试是否可以线下测试，从而不占用昂贵的生产线时间？

通过优化成本驱动点，可降低成本 47.89 元，表 5.5 是毫米波雷达罩优化后的材料成本驱动点。

表 5.5 毫米波雷达罩优化后的材料成本驱动点

铟金属涂层（35 微米降低至 25 微米）成本	100.74 元
PVD 涂层（铟金属）（涂层效率提高 10%）成本	22.44 元
线上测试（EOL Test）（变成线下测试 Batch）成本	11.45 元

参照成本计算的优点在于，不只得到了零部件/子系统的成本明细，而且通过成本驱动点分析，找到的不是显而易见的，而是更深层次的技术降本点。

参照成本计算模型是通用数学模型，可以计算各种零部件/子系统，比如发动机、变速箱、车身、底盘、内外饰、线束、电子控制模块等，包含各种制造工艺（成型、变形、分离、连接、涂层、材料性能改变等，以及这些制造工艺的组合。

图 5.5 所示为一款乘用车用气囊电子控制模块（ACM）。ACM 在汽车行业被称为"黑匣子"（设计、成本不透明）。

图 5.5 一款乘用车用气囊电子控制模块

尽管如此，用以上介绍的精准参照成本计算模型同样能够计算出它的参照成本，其参照成本计算结果如表 5.6 所示。

表 5.6　气囊电子控制模块参照成本计算结果

材　　料	成　　本
微控制器 L9689CCP	40.27 元
加速度传感器 SAHXC2336A 72F80LR	16.16 元
芯片 ASIC	1.54 元
二极管	6.16 元
电解电容	8.05 元
芯片 ASIC 4254X	3.08 元
CAN 转换器	1.03 元
电容	0.31 元
芯片 MOSFET	0.51 元
二极管	2.57 元
三极管	1.23 元
运算放大器 OP	0.21 元
插针	9.14 元
石英	1.03 元
电阻	0.34 元
电容	1.68 元
印制电路板	5.39 元
接插件	2.57 元
外壳 1	1.54 元
外壳 2	1.54 元
制　　造	成　　本
涂焊接胶	0.08 元
贴片 1	2.05 元
贴片 2	1.46 元
锡焊	0.53 元
组装	0.38 元
测试	0.21 元
管理费用	12.48 元
参照成本	121.54 元

参照成本的计算可以有两种方式，一种是用实物样件计算，另一种是依据技术设计方案计算。

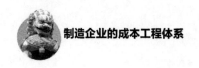

5.3 按目标成本进行设计（Design to Cost）

当一个产品完成目标成本设定、分解到各个子系统/零部件后，就要按照目标成本来设计零部件/子系统。下面介绍三种按目标成本进行设计的成本工程方法。

5.3.1 型态盒创意法（Morphologic Box）

型态盒创意法是一种寻求全局解决方案的方法，它把一个复杂的子系统分解成相对独立的多个零部件，针对每个零部件产生不同的技术设计，并对每个零部件的技术设计进行成本计算（评估），通过对每个零部件不同技术设计及它们的相应成本的有序排列，从而得出一个型态盒（各零部件多个技术设计的矩阵），再从型态盒中选出满足子系统目标成本的技术设计最佳组合，这就是型态盒创意法。

图 5.6 所示为一款左前组合灯的型态盒（见图 5.6）。

左前组合灯被分解成大灯、转向灯、日行灯、前盖、后盖。

大灯的设计有卤素灯、25W 氙气灯和 40W 氙气灯三种设计，这三种设计的成本不同。

转向灯有卤素灯、7 个 LED、单个大功率 LED+光导三种设计和三个不同的成本。

日行灯有 12 个 LED、2 个大功率 LED+光导两种设计，成本也不同。

以此类推出前盖、后盖的设计。

子系统名称：左前组合灯			目标成本	300.00元
零部件	成本低　　　　　　→			成本高
大灯	卤素灯	25W氙气灯	40W氙气灯	
	120 ▲			120.00元
转向灯	卤素灯	7个LED	单个大功率 LED+光导	
		45 ▲		45.00元
日行灯	12个LED	2个大功率 LED+光导	——	
	70 ▲			70.00元
前盖	一体式	二体式（单独大灯）	——	
	25 ▲			25.00元
后盖	一体式+电涂铝	——	——	
	35 ▲			35.00元
前组合灯设计方案 成本总额				295.00元

图 5.6　一款左前组合灯的型态盒

基于这些信息列出型态盒，选出满足子系统左前组合灯目标成本的零部件组合：大灯采用卤素灯（120 元），转向灯采用 7 个 LED（45 元），日行灯采用 12 个 LED（70 元），前盖采用一体式（25 元），后盖采用一体式+电涂铝（35 元），这款左前组合灯的最终技术设计总成本为 295 元，满足目标成本（300 元）的要求。

型态盒创意法的主要步骤如下：

（1）把子系统分解成相对独立的、多个零部件；

（2）创建每个零部件的不同设计方案，并由成本工程师计算相应成本；

（3）选择各零部件的其中一个设计方案，组合成一个满足目标成本的子系统整体设计方案。

型态盒创意法的核心步骤是（2），需要从零部件的功能/性能要求出发，找出实现这些功能/性能的不同设计方案，这也是检验设计工程师经验和技术底蕴的试金石。

再举一个实战案例——一款乘用车车门内护板的型态盒创意法应用（见图 5.7）。

零部件名称：左前/后门内护板总成

子模块	选项1	选项2	选项3	选项4	选项5	选项6	选项7	目标成本（元）272.91 选定方案成本
门板上护板	注塑成型 PP+EPDM-TD15 / 20	注塑成型 PP+EPDM-TD20 / 23	阴模吸覆 / 45	搪塑（门板未使用此工艺是吸覆的2倍之内）	手工包覆 / 55	阴模吸覆（跟氧总汇报，不同意增加此工艺）/ —	—	方案成本 五 55.00
门板中护板	注塑成型 PP+EPDM-TD15 / 50	注塑成型 PP+EPDM-TD20 / 23	阴模吸覆 / 30		手工包覆 / 30	—	—	方案成本 三 30.00
扶手	手工包覆 / 35	注塑成型 PP+EPDM-TD15	阴模吸覆 / 110					方案成本 一 35.00
门板下护板	注塑成型 PP+EPDM-TD15 / 50	注塑成型 PP+EPDM-TD20 / 55	阴模吸覆 / 110					方案成本 一 50.00
门板门兜	PP+EPDM-TD15 / 8	PP+EPDM-TD20 / 10						方案成本 一 8.00
开关面板	皮纹 ABS（皮纹）/ 6	高亮黑 ABS（高亮黑）/ 20	高亮黑 PC+ABS（高亮黑）/ 25					方案成本 一 6.00
扬声器面罩	注塑+高光亮圈 / 10	注塑+哑光亮圈 / 25						方案成本 一 10.00
门护板装饰条	哑光黑 / 15	高亮黑 / 25	IMD / 35	哑光黑+高光电镀 / 30	哑光黑+高光电镀 / 40	IMD+高亮电镀 / 50	包覆+哑光电镀 / 35	方案成本 五 35.00
内扣手手柄	免喷涂（有工艺，无成熟产品）/ 1.35	喷高亮漆（有工艺，工艺可实现性）/ 13.8	喷高亮漆 / 5.85	喷哑光漆 / 6.5	哑光电镀 / 8	高亮电镀 / 6.5		方案成本 二 8.00
内扣手扬声器盖板	免喷涂（有工艺，无成熟产品）/ 0.95	皮纹 / 1	喷高亮漆（涉及网孔，工艺可实现性）/ 13.8	喷哑光漆 / 6.5	哑光电镀 / 7.2	高亮电镀 / 5.7		方案成本 一 0.95
内扣手成形座（盖板）	免喷涂（有工艺，无成熟产品）/ 3.5	皮纹 / 3.5	喷哑光漆 / 8.6	哑光电镀 / —	高亮电镀 / —			方案成本 三 3.50

选定方案成本合计（元）241.45

图 5.7　一款乘用车车门内饰板的型态盒

如图 5.7 所示，首先，把车门内饰板分解为零部件：门板上护板、门板中护板、扶手、门板下护板、门板门兜、开关面板、扬声器面罩、门护板装饰条、内扣手手柄、内扣手扬声器盖板、内扣手底座。

实现这些零部件有不同的技术方案和相应的成本，比如门板上护板、门板中护板可采用注塑成型式手工包覆等；门护板装饰条可采用包覆+哑光电镀等……

每个技术方案，成本工程师都要计算出相关的参照成本，每个零部件的多个技术方案依据计算出的成本，从左至右、由低到高排列，由此形成一个型态盒（矩阵）。

通过型态盒对每个零部件技术方案进行选择，设计出的车门内饰板成本为 241.45 元，满足目标成本（272.91 元）的要求。

这就是型态盒创意法的实际应用。

5.3.2　功能-成本矩阵法（Function Cost Matrix）

在 3.2 节描述产品功能/性能与产品价值的关系时，我们举了一个石英手表的功能-成本矩阵例子，那么怎么应用功能-成本矩阵法来做按目标成本进行设计呢？

图 5.8 所示为一款乘用车的组合仪表的功能-成本矩阵。

这款组合仪表的目标成本是 520 元，依据功能-成本矩阵法的分析，其中 7.5 寸 TFT 显示屏作为功能载体，与步进电机、刻度盘和指针、发光二极管的显示、警示功能有重叠。

在设计方案超出目标成本的情况下，可以首先考虑取消实现形象功能的功能载体"装饰亮条"，降低成本 3 元。

7.5 寸的 TFT 显示屏可以减小为 3.5 寸，降低成本 50 元。这样通过功能-成本矩阵法的优化后，最终这款组合仪表的成本是 513.50 元，满足了目标成本的要求。

功能分类	功能-成本矩阵法 （例子：组合仪表）					
	主要功能		次要功能		形象功能	
功能载体	显示行驶速度、发动机转速、其他信号	警示显示（制动液、ESP、安全气囊等）	可视化（遮阳等）	防护、紧固零部件	给予形象	实现所有功能的总成本（元）
PCB 含电子元件（元）	112.50	37.50				
步进电机（元）	20.00					
刻度盘和指针（元）	7.50	7.50				
7.5 寸 TFT 显示屏（元）	87.50	87.50			175.00	
发光二极管（元）		10.00				
前外壳（元）			3.75	1.25		
装饰亮条（元）					3.00	
后盖（元）				3.50		
接插件和线束（元）	2.50	2.50				
紧固件（元）				3.00		
总额（元）	**230.00**	**145.00**	**3.75**	**7.75**	**178.00**	**564.50**
约占总成本比例	41%	26%	1%	1%	31%	100%

图 5.8　一款乘用车的组合仪表的功能-成本矩阵

功能-成本矩阵法的要素是：

- ☐ 清晰地描述子系统有哪些主要功能，有哪些次要功能，有哪些形象功能
- ☐ 同一个功能，有没有多个功能载体
- ☐ 同一个功能，可不可以用成本更低的功能载体来实现
- ☐ 形象功能载体，是不是都需要？（考虑客户和市场竞争）哪些可以取消

通过这些标准化问题的引导，就能够轻松驾驭功能-成本矩阵法，实现按目标成本进行设计。

5.3.3 功能对标法（Function Benchmark）

对同样一个子系统或者一个零部件来说，市场上的不同品牌、不同产品一般会有不同的技术设计和相应不同的成本，在这样的环境下，多数制造企业都会做竞品分析（Benchmark Analysis）。功能对标法就是在竞品分析的基础上，实现按目标成本进行设计。

以一款乘用车的外后视镜为例，市场上共有五款车型，不同设计的外后视镜价格不同。

该款乘用车的外后视镜的功能对标法如图 5.9 所示，这五款外后视镜设计不同，成本从 131 元至 243 元不等，功能对标法的核心就是首先从这五款外后视镜中选择成本最低的设计，在这个基础上做一个标准化的成本瀑布推导：

□　量产周期内的连续性改进和通货膨胀的影响

□　采购量与售价的变化

□　对比车型 3 的外后视镜，目标外后视镜的新增功能

最终选择的方案成本为 166 元，满足目标成本 170 元的要求。

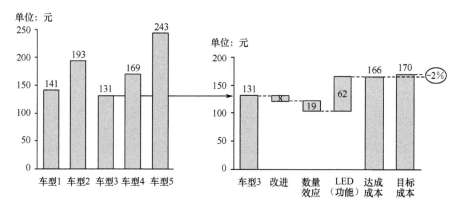

图 5.9　外后视镜的功能对标法

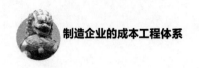

5.4 零部件及总成的价值分析和价值工程（VAVE）

价值分析和价值工程的先决条件就是要有一个跨部门、跨学科的合作团队（见图 5.10），无论来自研发、成本、质量、生产部门，还是来自采购、销售、财务、项目部门，一切以客户为中心，对每一个零部件及总成（子系统）做价值分析和价值工程。

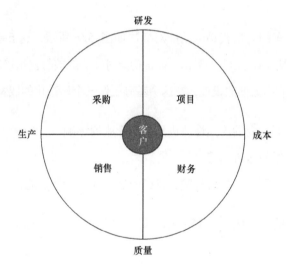

图 5.10　跨部门、跨学科的价值分析和价值工程团队

5.4.1 价值分析（Value Analysis）

零部件及总成（子系统）的价值分析主要应用在产品的量产阶段，共分为六个领域：

- 功能
- 材料

☐ 加工工艺

☐ 公差和标准

☐ 表面处理

☐ 自制还是外购

转向节是一个非常典型的零部件，它有功能/性能要求和相应的静态及动态载荷、使用材料、加工工艺、公差、表面处理、自制/外购的各项特征。图 5.11 所示为一款 SUV 的铝合金左后转向节。

图 5.11   一款 SUV 的铝合金左后转向节

怎么做零部件及总成的价值分析呢？

我依据在德国奔驰汽车 20 多年的整车研发、成本工程的经验积累，提出了"标准化问题引导的价值分析"，使价值分析团队全方位地对零部件或总成进行分析、研讨，以寻找创新的优化设计方案。

以下列举了一些典型的标准化问题，在价值分析研讨会上，还有许多更深入的标准化问题，帮助价值分析团队全方位分析、挖掘零部件/总成的技术降本潜力。

（1）功能。

① 零部件需要满足哪些主要功能？

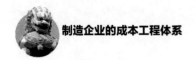

② 零部件需要满足哪些次要功能?

③ 功能都是为了满足预定目标的吗?

④ 其中一些功能(固定一组线束),能否用另一个已存在零部件(金属支架)来实现?

⑤ 零部件是如何运行的?

⑥ 零部件的各功能参数是多少?

⑦ 对零部件的要求是否高于正常工作范围?

⑧ 这些要求是否和总成的品质要求一致?

⑨ 这些要求是否高于可比竞品要求?

⑩ 如果此零部件是多次应用于同一辆车,是否可以减少使用数量?

⑪ 这些功能是不是对大多数客户来说是重要的?

......

举一个例子,如果机舱里有一个用来固定管路的金属支架,另外有一组机舱线束也需要固定时,可以使用标准问题④"其中一些功能(固定一组线束),能否用另一个已存在零部件(金属支架)来实现"。

就是说,是不是可以把固定管路的金属支架修改一下(打一个孔,或者在冲压时加上一个"耳朵"),就可以同时用来固定这组线束?如果可行,就既满足了固定线束的功能需要,又节省了一个支架,降低了 10 元成本,同时降低了 250 克的重量(轻量化)。

(2)材料。

① 可以用别的材料吗?

② 这个材料是符合企业标准要求的吗?

③ 这个材料是符合国标(GB)或国际标准(ISO)要求的吗?

④ 能够采用更便宜的材料吗?

⑤ 哪些尺寸影响零部件的材料重量?

⑥ 这个部件设计尺寸是否过大?

  a. 部件的设计尺寸是否通过了 CAE 分析？

  b. 总成里包含的所有零部件尺寸是否过大？

  c. 与竞品相比，尺寸是否过大？

  d. 零部件和总成的尺寸是否通过了试验验证？

⑦ 其中的一部分尺寸是否可以减小？

⑧ 有多少百分比的重量是边角料？

  a. 这些边角料能否通过设计或其他方法来降低重量？

  b. 这些边角料能否继续利用？用于什么地方？

······

  图 5.12 所示为一款乘用车左前车门内饰板扬声器的装饰亮条，以这个扬声器装饰亮条为例，初始状态是：

☐ 材料：ABS

☐ 表面处理：亚光镀铬

图 5.12　一款乘用车左前车门内饰板扬声器的装饰亮条

  新的表面涂层工艺"喷涂铝漆"，可以得到亚光镀铬同样的视觉和触觉效果及表面耐久性要求，材料也可以从较贵的 ABS 改为更低成本的

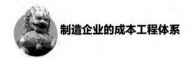

PP 材料。因为材料和表面处理工艺的优化，这个亮条的成本从 3.5 元降至 2.1 元。

（3）加工工艺。

① 零部件是如何加工出来的？

② 零部件能否用另一种工艺加工出来？

③ 零部件能否作为总成加工出来？

④ 总成能否作为单件加工出来？

⑤ 零部件是通过哪一种方式装配到总成中的？

⑥ 组装过程是否能简化？

⑦ 在组装过程中，能否减少组装时间，或省去组装步骤？

　　a. 为了达成以上目的，需要采用何种设计变更？

　　b. 或者通过改变供货状态达成以上目的？

⑧ 零部件能否通过专业供应商来采购？

……

关于提问②"零部件能否用另一种工艺加工出来？"列举一个实际案例：后左、右转向节（见图 5.13）。

图 5.13　后左、右转向节

成本优化前：

- ☐　工艺：锻造
- ☐　材料：锻铝 6082，抗拉 340MPa，屈服 300MPa
- ☐　载荷：最大应力为倒车制动工况 89MPa

成本优化后：

考虑最大应力路况载荷为 89MPa，压铸成型工艺也能够满足，原来的锻造工艺改为压铸工艺，单件降低成本 87 元。

- ☐　工艺：压铸
- ☐　材料：铸铝 ZL101A，抗拉 295MPa，屈服 220MPa
- ☐　载荷：最大应力为倒车制动工况 89MPa

（4）公差、标准。

① 哪些公差使零部件成本增加？

② 哪些公差可以放宽一些？

③ 有类似的零部件在使用吗？

④ 是标准件吗？

    a. 是国标或国际标准吗？

    b. 是企业标准吗？

⑤ 类似尺寸和设计的标准件已经在用了吗？

⑥ 这个零部件可以用标准件来替换吗？

……

对于问题②"哪些公差可以放宽一些？"价值分析团队提出这个标准化问题后，经深入讨论和样件测试，结论是：发动机的调节臂（见图 5.14）的面粗糙度 1.6 微米可以放宽为 3.2 微米，两个圆孔统一的圆柱度 0.004 毫米，可以改为直径 9 毫米、孔圆柱度 0.006 毫米和直径 12 毫米、孔圆柱度

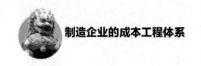

0.008 毫米, 圆孔截面与圆孔内表面的垂直度 0.012 毫米改为 0.03 毫米, 这样减少了加工工序, 降低了制造成本 7.48 元。

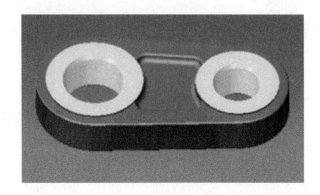

图 5.14 发动机的调节臂

（5）表面处理。

① 哪些化学和物理环境影响这个零部件?

② 哪些表面处理是计划要做的?

③ 这些表面处理中的哪些是必须要做的?

④ 哪些可以运用别的表面处理方法?

⑤ 可以只是这个零部件的一部分做表面处理吗?

……

关于问题③"这些表面处理中的哪些是必须要做的?"有关乘用车仪表板加强梁（见图 5.15）是否需要电泳涂层, 销售、质量、成本和研发部门有激烈的争论。对标奔驰、宝马、丰田等的车型, 它们的仪表板加强梁都没有电泳涂层。

因为仪表板加强梁安装在一个相对干燥的位置, 另外, 一些锈斑也不影响其功能/性能, 电泳涂层是可以取消的。

取消电泳涂层, 单件可以降低成本约 20 元, 同时也是走向"绿色环保"制造的重要一步。

图 5.15　乘用车的仪表板加强梁（左边有电泳涂层，右边无电泳涂层）

（6）外购、自制。

① 这个零部件是以什么样的批量和时间段供货的？

② 我们的订单和每批次的供货量是不是符合实际的经济生产方式（和实际生产效率匹配）？

③ 哪些别的供货商也可以提供相同的零部件，也可以保证质量和时间节点？

　　a. 这些别的供应商是否已经在向我们（含事业部、子公司）提供别的零部件了？

　　b. 这些别的供货商是否可以针对此零部件提供更优惠的价格？

④ 现在的零部件供货商是否在生产工艺或装备配置方面具备市场竞争力？

⑤ 有没有类似的零部件已经从别的供应商采购了？

⑥ 这些零部件的成本是可比的吗？

⑦ 现在的供应商可否提供降低成本的建议？

⑧ 怎样才能降低包装、运输和仓储的成本？

⑨ 这个零部件可否通过自己生产来实现更低的成本？

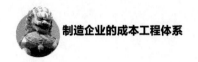

⑩ 这个零部件可否增加或减少供货的范围来降低成本？

……

关于问题⑧"怎样才能降低包装、运输和仓储的成本？"这里有一个总装线用螺栓的包装及它们的物流分装（见图 5.16）。供应商以批次纸箱包装供货，改为直接采用总装线的标准件物流塑料盒，节省了纸箱成本及分装到物流塑料盒的人工成本，每天节约成本约 300 元，每年 7.2 万元。

图 5.16 总装线用螺栓的包装及它们的物流分装

价值分析是分析产品从原材料、加工、组装直至成品的整个过程，寻找每个细小环节的优化潜力，改善是每天要做的日常业务，不要满足于现状，"没有最好的产品设计，只有更好的产品设计"！

5.4.2 价值工程（Value Engineering）

价值工程主要应用在产品的研发阶段，85%的产品成本是在产品研发阶段就形成了的，所以，价值工程在产品研发阶段的应用至关重要。

图 5.17 所示为价值工程的主要工作节点，从产品企划书、各子系统按目标成本进行设计、设计变更的成本优化和控制、量产时的成本核算，整个过程应用 5.4.1 节介绍的思路和方法，从设计初期就要开始优化成本，同时避免不必要的研发、模具修改费用。

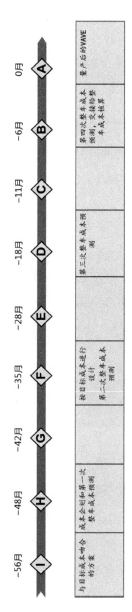

图 5.17　价值工程的主要工作节点

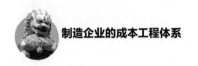

5.5 线性回归分析法（Lear Regression Analysis）

零部件/子系统实现某些功能/性能时，如果实现其中一个或两个主要功能/性能花费大部分成本的话，这种情况就适合用线性回归分析法。这里首先举一个例子：乘用车的燃油箱（见图 5.18）。

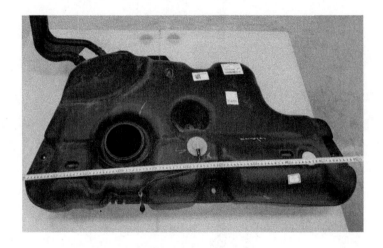

图 5.18 乘用车的燃油箱

燃油箱主要功能参数就是容积，图 5.19 展示了四款不同容积的燃油箱价格分布及线性回归分析结果，这里有四组数据（容积（x），价格（y））：（45，280）；（50，320）；（60，410）；（75，560）。

线性回归分析法属于统计数学的一种方法，假设影响变量是 x，目标变量是 y，线性回归分析法就是要寻找一个如下线性函数：

$$y = ax + b \tag{3}$$

其中，

$$y_i = a_i x_i + b_i + \varepsilon_i, \quad i = 1, 2, 3, \ldots n \tag{4}$$

ε_i 为线性回归函数与数组的误差。

上述四组数据的线性回归函数是：

$$y = 9.33x - 139.85 \tag{5}$$

如果想知道 70 升燃油箱的价格约是多少，在以上的线性回归函数（5）中输入 $x = 70$，得出 70 升燃油箱线性回归分析出的价格约为 513 元。

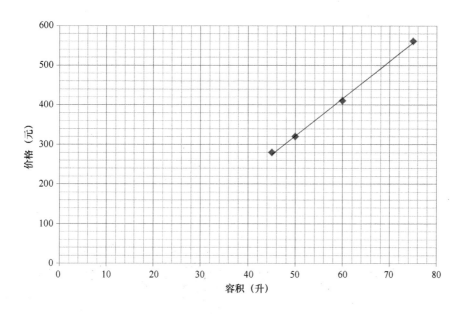

图 5.19　四款不同容积的燃油箱价格分布及线性回归分析结果

新能源汽车的动力电池包也很适合应用线性回归分析法，这里 x 变量是电池容量（kWh），y 变量是价格，输入几组电池包的容量及相应价格，可得出线性回归函数。图 5.20 所示为电池包线性回归分析结果。

如果想知道电池包容量为 90kWh 时的价格，利用线性回归函数计算得出的电池包价格为约 67,000 元。

线性回归分析法较为适合零部件/子系统的主要功能/性能参数突出、对成本影响较大的情况。应用线性回归分析法可以较快地分析出零部件/子系统的价格（成本）。

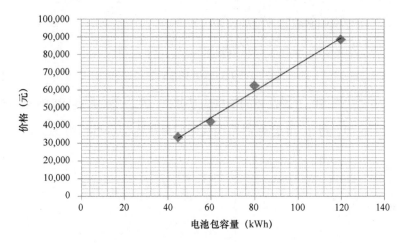

图 5.20 电池包线性回归分析结果

5.6 最佳对标法（Best of Bench）

最佳对标法是对同一产品，在不同的设计和制造工艺方案中，一一择优而得出的理想最佳设计和最佳制造工艺方案，实现这个理想最佳方案有一定的局限性，比如不同厂家有不同的生产设备和工艺水平，尽管如此，不妨碍用最佳对标法来做成本极限范围分析。

首先要列出一个产品的不同设计，这里举一个乘用车车门内饰板的例子，其产品设计和制造工艺方案如表 5.7、表 5.8 所示。

表 5.7 车门内饰板产品设计方案

零部件	设计方案 1（元）	设计方案 2（元）	设计方案 3（元）	最佳对标设计方案（元）
内饰板本体	125.50	120.20	131.79	120.20
防护膜	12.05	10.65	13.68	10.65
升降开关模块	45.02	51.46	55.35	45.02
装饰亮条	15.66	10.14	16.75	10.14
材料成本	198.23	192.45	217.57	186.01

表 5.8 车门内饰板制造工艺方案

零部件	设计方案 1（元）	设计方案 2（元）	设计方案 3（元）	最佳对标设计方案（元）
注塑	17.50	18.25	15.80	15.80
组装	4.55	5.25	4.05	4.05
制造成本	22.05	23.50	19.85	19.85
成本总额	**220.28**	**215.95**	**237.42**	**205.86**

从设计和制造两方面来看，三个设计方案的主要区别在哪里呢？设计方案 2 在内饰板本体设计上有优势，内饰板厚度 2.5 毫米（设计方案 1 和设计方案 3 均为 3.0 毫米）。

在制造工艺步骤"注塑"上，设计方案 3 的制造节拍较快，约为 60 秒，比设计方案 1 和设计方案 2 都要快（生产设备的区别），在制造工艺步骤"组装"上，也是设计方案 3 最优。

最终，理想最佳成本是 205.83 元，三个设计方案没有一个单独能够达到，它可以作为一个极限成本，未来努力的方向。

5.7 板块分析法（Portfolio Analysis）

这里指的是技术/产品板块分析，而不是资本市场常用的投资目标板块分析。做技术/产品板块分析的步骤有：

- ☐ 认定某个技术/产品
- ☐ 分析该技术/产品的现状
- ☐ 预测该技术/产品的未来状况
- ☐ 分析该技术/产品的功能/性能与功能载体/性能载体的二维分布

图 5.21 是观昱机电技术（上海）有限公司 2019 年对中国市场纯电动 SUV 做的板块分析。

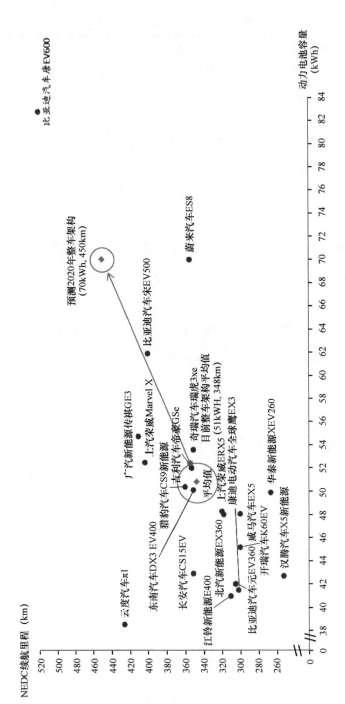

图 5.21　中国市场纯电动 SUV 的板块分析

这里，性能是续航里程，性能载体是动力电池容量。2019 年，纯电动
SUV 的平均续航里程为 348 千米，预测 2022 年多数纯电动 SUV 的续航里程将
达到 450 千米（或以上），所需动力电池容量从平均的 51kWh，增至 70kWh。

5.8　制造成本与销量的解析函数分析

制造成本约占产品成本的 10%～15%，其中一大部分是生产线设备折旧
费，假设生产线设备折旧费是函数 f，那么函数 f 与产量 n 的解析函数关系为：

$$f(n) \sim I \cdot \frac{1}{n(1+i)^J}, n \leqslant N \tag{6}$$

$$f(n) \sim 2I \cdot \frac{1}{n(1+i)^J}, N \leqslant n \leqslant 2N \tag{7}$$

其中，i 是每年的资本投资利率，I 是生产线设备投资金额，J 是生产
线设备折旧年数，N 是生产线满负荷运行的产量。如果 n 超过 N，那么生
产线设备折旧费的函数 f 将有一个跳跃（见图 5.22），因为需要新增一条
生产线的投资，以此类推。

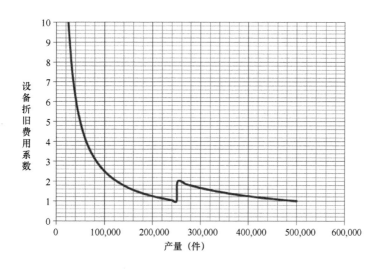

图 5.22　生产线设备折旧费用系数与产量的函数关系（N 为 25 万）

以一个乘用车的前保险杠本体注塑设备为例，投资 I 为 1200 万元，折旧年数 J 为 15 年，每年的资本投资利率 i 是 7.5%，计算出的每年设备折旧费用为 185 万元。表 5.9 所示为其产量与成本的差别，产量从 10 万件增加到 15 万件，总成本降低约 7%。

表 5.9 产量与成本的差别

	每年产量 10 万件	每年产量 15 万件
材料成本（元）	65.52	65.52
制造成本（元）	22.00	15.83
小计（元）	87.52	81.35
成本差别（以 10 万产量为基准）	—	−7%

5.9 商务谈判战略和艺术

成本工程师计算出的产品参照成本及成本明细，正是产品价格的商务谈判中所需要的。在欧洲一些优秀的制造企业中，成本工程师参与甚至主导与供应商的商务谈判，就是这一思路的实践。

我在德国奔驰汽车负责商务车的成本工程部门时，参与并主导了数百次的商务谈判，其中与德国博世公司长达 4 个月的有关 ESP 子系统成功的商务谈判，成为当时奔驰公司的一个典范。

所以，成本工程师需要掌握良好的商务谈判艺术。也正是因为成本工程师了解产品设计，熟悉生产工艺，才能使成本工程师成为富有成效的谈判伙伴。

5.9.1 谈判目的和动机

商务谈判通常一方是产品提供方，另一方是产品购买方，产品提供方的目的是希望获得高的产品价格，产品购买方的目的是希望获得低的产品价格。

产品提供方的动机是希望以高的产品价格卖出以得到高的利润；产品购买方的动机是希望以低的产品价格购入，降低外购件成本，也是提高企业利润的手段。

双方有相同的动机，但谈判目的是相反的。这点是商务谈判的核心，也是双方应用各种谈判艺术、节奏的出发点。

5.9.2　谈判准备

不要做没有准备的商务谈判，谈判前的准备工作十分重要。图 5.23 帮助读者梳理了商务谈判前的准备内容。

图 5.23　商务谈判前的准备内容

（1）目的。

首先，在商务谈判前需要明确谈判的目的，比如产品购买方是不是要压低购买价的 3%？产品提供方因为客户的设计变更要提高价格的 2% 吗？

（2）信息。

① 现在的产品购买价格是多少？

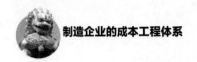

② 产品的成本明细：材料成本明细、制造成本明细、管理成本明细。

③ 该产品销量是多少？总金额是多少？

④ 质量合格率是多少？

⑤ 市场渗透率（有多少厂家可以提供相同、类似的产品）是多少？

⑥ 谈判双方的经营情况（营业额、市场占有率、盈利率、未来发展前景）怎么样？

（3）参与者。

谁参与谈判？谁是乙方的谈判主导者？谈判主导者的专长、风格是什么？

（4）战略。

在明确谈判目的后，谈判战略就是通往谈判结果的路径和在路径中的重点举措。谈判是双赢战略还是零和游戏，一定要思考清楚。如果是零和游戏，今天赢得谈判的一方，也许明天就失去了客户，失去了产品供应商。谈判双赢战略才能够使企业可持续发展。

5.9.3　谈判过程的节奏和谈判艺术

谈判意味着：

- ☐　论证、交易、讨价还价
- ☐　用利、弊说服对方
- ☐　雄辩能力、情商、魅力、投入
- ☐　争取对手
- ☐　公平谈判

商务谈判首先要以理服人，需要论据，比如在成本明细中，双方的共同点有哪些？不同点有哪些？为什么有这些不同点？

有时，也需要交易，你有什么筹码可以作为对方降低价格的补偿？

多数情况下，需要一个公平的谈判过程和结果。

谈判的主场方给客人茶水、咖啡，是待客之道，是谈判高手的基本功。

刚见面时的寒暄非常重要，影响谈判的气氛和进程。

给予谈判对手一个思考空间，让他有给领导汇报或征求建议的机会。

安排客方谈判团队有一个内部交流的会议室。

不是一次谈判会议就要或者能够达到目的，可以有节奏地进行多次谈判。

有时需要妥协。

如表 5.10 所示为较全面的谈判艺术矩阵。

表 5.10　谈判艺术矩阵

交流艺术	游　戏	参与者	风　格	外　观
• 开场白、谈判主导者 • 进攻型交流、防守型交流 • 组织问题 • 讨论题目顺序 • 升级战略	• 论据顺序 • 论证技术 • 反驳技术 • 论据链 • 妥协计划 • 交易筹码	• 谈判主导者 • 谈判参与者人数 • 角色和任务 • 谈判主导者替换 • 座位顺序	• 礼貌的 • 可信的 • 友好的 • 诚实的 • 公平的 • 进攻性的	• "硬式"出席、"软式"出席 • 问候、寒暄 • 商务规则 • 衣着 • 肢体语言 • 企业印象
技　巧	方　法	时　间	组　织	谈判对手
• "好人"、"坏人" • "old school"技巧 • 控制 • "威胁"、"恐吓"	• "Salami"技术 • 抵制 • 拖延时间 • 讨价还价 • 中断	• 日程安排 • 时间点 • 时间压力	• 地点 • 客人接待 • 客人交通、住宿	• 期待的方式 • 目的 • 论据 • 战略 • 艺术

5.9.4　谈判结局和总结

如果谈判双方能够在双赢价格范围内达成一致，是较好的谈判结果。图 5.24 示意了双赢价格范围。

就像谈判前的准备一样，谈判得到结果后，需要做一个总结：

- □　谈判结果是否是预期的目的
- □　谈判结果是否在双赢价格范围内
- □　有哪些筹码进行了交换
- □　谈判过程有哪些点是未来需要改进的

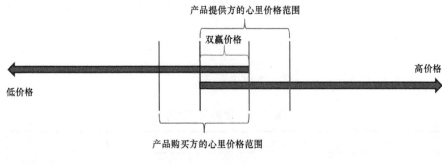

图 5.24　双赢价格范围

总之，商务谈判是智慧、市场、技术的博弈，不要只追求短期的利益，中、长期的战略和利益是商务谈判的核心。

商务谈判不是零和游戏，双赢才能够使自身企业得到可持续性发展。

这里分享几个作者亲身经历的谈判实例。

（1）变速箱换挡机构中一个锻造件的价格谈判。

供应商是位于德国博登湖畔的一家小型制造企业；客户方是奔驰汽车变速箱厂 Gaggenau；锻造件报价是 0.35 欧元；我所在成本工程部门计算的参照成本为 0.25 欧元。

谈判在供应商生产地进行，参加谈判是该供应商的总经理、生产线经理、我及一个奔驰成本工程部门的员工。首先，在供应商总经理的陪同下，我们参观了锻造件的生产线，总经理详细地介绍了生产步序、关键工位、节拍等，我们已经感受到了这家供应商的诚意。

谈判在会议室进行，首先成本工程部门的员工介绍了这个锻造件参照成本计算的假设条件、计算方式、计算明细，供应商总经理仔细地听了整个介绍，没有打断，没有中间提问。

听完参照成本明细介绍后，供应商总经理说道："如果是按照 0.25 欧元报价，我们只好关闭工厂了！"的确，这是一家很小的制造企业，奔驰的订单每年超过 20 万件，占了供应商营业额的 50%以上，它多年为奔驰供货，从未出现过质量问题，物流保障也很好。

我这时的确下不了狠心，心想如果是大型供应商，我们要同他谈判到底！再者，这个锻造件可是一个核心零部件，质量、物流不能出差错。所以我对供应商总经理说道："这样吧，我们看了生产线，谢谢您的介绍，回 Gaggenau 后，我们内部再协商一下，我电话回复你。"

我们经内部协商后，决定走妥协路线，如果 0.25 欧元不能实现，0.30 欧元也是可行的，毕竟与这家供应商已经合作多年。两天后，我通过电话与这家供应商总经理达成了 0.29 欧元的协议。

点评：

供应商：

☐　在整个谈判过程中表现出合作、开放、透明的态度

☐　总经理亲自参加并介绍锻造件相关生产线，表明对客户的重视

☐　企业实际情况及客户口碑良好

客户方（奔驰汽车变速箱厂 Gaggenau）：

☐　准备充分、预先做了参照成本计算

☐　透明展示参照成本明细

☐　感谢供应商的诚意和参观相关生产线的机会

☐　中断谈判节奏，使得双方有回旋机会（面对面谈判后，通过电话达成共识）

谈判最终结果达到了双赢。

（2）车载组合开关电子模块的模具的价格谈判。

供应商是位于德国斯图加特北郊的一家大型零部件供应商；客户方是奔

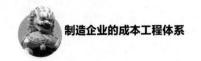

驰商务车部门；组合开关电子模块的模具费用报价为 190 万欧元；成本工程部门计算的参照模具费用是 76 万欧元。

谈判在奔驰商务车技术中心进行，参与谈判的有供应商的销售经理、一个负责模具费用的成本工程师和我。模具费用报价与参照成本差距如此之大，我在心里决定"冷处理这次谈判"！

大家寒暄过后，我们给供应商经理提示桌上有咖啡和加了黄油的 Brezel（一种德国式的麻花卷），这时我说："模具费用的报价 190 万欧元很高哦，我们发给您一个模具费用明细表，请您 4 周后填好发回给我们。""这是奔驰的标准流程，每个供应商都要填写的。"供应商的经理点头答应，喝完咖啡，吃了 Brezel，就回公司了。谈判会议约 30 分钟。

4 周过后，供应商的经理发来了一份模具明细清单，标明模具费用报价为 90 万欧元！另外的 100 万欧元不见了。对比一下模具成本工程计算的模具参照成本 76 万欧元，我决定："成交。"最后达成了 90 万欧元模具费用协议，"兵不血刃"。

点评：

☐　供应商报价虚高是常有的事情，不必见怪

☐　"兵不血刃"，这是谈判的高层次艺术

（3）ESP 电子控制模块的价格谈判。

供应商是一家超大型零部件供应商（汽车零部件企业中的"巨无霸"）；客户方是奔驰商务车部门；供应商报价 147 欧元，参照成本计算为 125 欧元。

谈判在奔驰商务车技术中心进行，参加谈判的有供应商的销售总监、重点客户经理、技术开发经理，客户方有我、成本工程电子组工程师及采购经理。

经过双方的自我介绍后，成本工程电子组的员工首先介绍了参照成本的三个部分总数：材料成本、制造成本、管理成本，并请供应商提供相关的对

比数据。这时，供应商的销售总监回答道："我们公司没有这样的先例，不能提供这三个成本构成的数据！"这样的回答，是我预测到的。

我说："这样吧，我们在目前这个层面不能谈判、协商了，请升级到你们的董事级别，我们也升级到奔驰的董事级别。""你们需要多长时间可回复我们？"供应商道："一个月以后。"这样双方约定一个月以后再见面。

一个月过去了，成本工程电子组的员工问起供应商重点客户经理，对方说："高层还没有回复！"

快两个月了，成本工程电子组的员工再次问起供应商重点客户经理，回答道："哦，高层同意给你们一个三部分成本的总数，没有更进一步的明细！"

这是一大进步了，两个月后，双方相同的人员又回到了奔驰商务车技术中心会议室的谈判桌上。

这次我让成本工程电子组的员工对三个成本部分的参照成本明细做了介绍，并说："请你们看看这些明细，哪里你们是认可的，哪里不认可，请指出来。"谈判依然是如同嚼久了的口香糖，又黏，又无味！

不过，慢慢地，我发现在数个成本明细中，双方差异都较大。这时，我要求供应商给予一次参观生产线的机会，意想不到的是，供应商爽快答应了。生产线位于德国黑森林中，我和同事们仔仔细细了解了一下生产 ESP 电子模块的线体、设备、节拍等。

4 个月过去了，就在这场"旷日持久"的谈判后，双方终于达成共识，在供应商的报价上，降低了 11.6 欧元（−8%）。

点评：

☐ 供应商是"店大欺客"

☐ 客户也不好惹，但当时我公司的同事及领导们都不看好与这家"巨无霸"的谈判

☐ "旷日持久"的猫与鼠的游戏

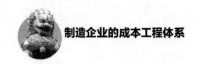

☐ 执着和坚持是谈判的要领之一，另外升级到高层也是一种谈判方式

☐ 成本明细的沟通需要节奏，需要双方同时透明

☐ 最终，得到了一个双赢的良好谈判结果

5.10 商务案例计算（Business Case Calculation）——净现值 NPV

如果一个产品需要决策，是否进行开发、生产及投放市场，需要一个商务案例计算——净现值 NPV。净现值 NPV 可以直观地理解为，从产品定义开始的第一天直至产品量产的最后一天，产品在这个生命周期内可以给制造企业带来的净收益总和。

在做商务案例计算前，需要如下的输入数据：

☐ 预测产品在生命周期中每年的销量

☐ 预测产品售价

☐ 产品开发一次性费用（研发费用、模具费用、生产设备费用）

☐ 销售、管理和其他费用

☐ 目标盈利率

☐ 资本利率

☐ 税率

图 5.25 所示为一款纯电动乘用车商务案例计算（净现值 NPV）的例子。

根据预测的 2021 年、2022 年、2023 年销量和售价、研发费用 2 亿元、资本利率 8%、目标净利率 7.9%、税率 15%，计算出产品整个生命周期的净现值 NPV 约为 3.92 亿元。

BEV—商业案例计算

Assumptions

		2021年	2022年	2023年	2024年	2025年	2026年	Total
Volume (Units)								
BEV	Take Rate	20,000	30,000	25,000	–	–	–	75,000
Subtotal		20,000	30,000	25,000	–	–	–	75,000

Discount Rate (%) 8.0
Amortisation time 2
R&D 2WD (RMB) 200,000,000
R&D 4WD (RMB)
Corporate Tax Rate (%) 15%

Cashflow (RMB)

Cashflow	2018年 (RMB)	2019年 (RMB) 1	2020年 (RMB) 2	2021年 (RMB) 3	2022年 (RMB) 4	2023年 (RMB) 5
Cash inflow (RMB)	–	–	(100,000,000)	2,168,141,593	3,252,212,389	2,710,176,991
Cash outflow (RMB)	–	(100,000,000)	(100,000,000)	(1,935,622,582)	(2,904,708,872)	(2,421,706,352)
Net Revenue	–	–	(100,000,000)	232,519,011	347,503,517	288,470,639
Tax	–	–	(100,000,000)	(34,877,852)	(52,125,528)	(43,270,596)
Net Cash Flow	–	(100,000,000)	(100,000,000)	197,641,160	295,377,989	245,200,043
Net Cash Flow (Cumulative)	–	(100,000,000)	(200,000,000)	(2,358,840)	293,019,149	538,219,192
Net Cashflow (Discounted)	–	(100,000,000)	(92,592,593)	169,445,439	234,480,571	180,229,352
Net Cashflow (Discounted Cumulative)	–	(100,000,000)	(192,592,593)	(23,147,154)	211,333,417	391,562,769

NPV (RMB) 391,562,769
IRR (%) 57%
Payback Period (Years) 4.1

NPV check 391,562,769

Recommendation

图 5.25　一款纯电动乘用车的商务案例计算（净现值 NPV）

在商务案例计算中，也包含了净现值 NPV 的敏感度分析，其中最为重要的敏感度是如果产品成本变化 5%，净现值 NPV 改变多少？另外，如果预测销量变化 5%、售价变化 5%，这些对净现值 NPV 的影响有多大？图 5.26 所示为这款纯电动乘用车的商务案例计算（净现值 NPV）分析结果。

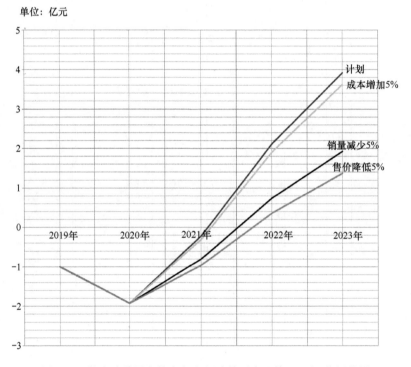

图 5.26　纯电动乘用车的商务案例计算（净现值 NPV）分析结果

成本超过目标成本 5%时，净现值 NPV 从 3.92 亿元减少为 1.93 亿元（减少 50.8%）。

售价降低 5%，净现值 NPV 降低为 1.38 亿元（减少 64.8%）。

销量减少 5%，净现值 NPV 降低为 3.62 亿元（减少 7.7%）。

由此可见，产品在整个生命周期的净现值 NPV 对成本和售价最为敏感，也就是说，达到产品目标成本是制造企业的生命线！

第6章

零部件成本优化如何应用成本工程方法

6.1　标准化问题引导的价值分析和价值工程（VAVE）

价值分析和价值工程方法在第 5 章节已经做了系统、详细的描述。这里为什么还要提标准化问题引导的 VAVE 呢？

做过 VAVE 降本研讨会的读者多数都会有这样的体会：在 VAVE 研讨会会议室（或生产现场）桌上摆了多个子系统和分解下来的零部件，每个零部件都有身份标签（零部件名称、零部件编号、材料、重量）。

图 6.1　我在长城汽车天津哈弗 H6 生产线实地做 VAVE 研讨

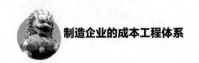

主持人会问与会人员："有没有降本的点子啊？"一般是一阵沉默。

有时会有人提出："取消这个吸音棉。"这时，反对的人则说："吸音棉是 NVH 性能部门加上的。"

还有人说道："门内护板的壁厚度从 2.5 毫米降低为 2.0 毫米。"反对的人说："壁厚 2.0 毫米注塑机做不出来！"

有人提出一个点子，就有人出来反对！

两个小时过去了，VAVE 研讨会没有得到一个大家达成共识的降本点子！

如何才能富有成效地做 VAVE 研讨会呢？

我反思了很长一段时间，得出结论：

☐　VAVE 研讨需要研讨方法

☐　VAVE 研讨的问题需要标准化

6.1.1　VAVE 研讨方法

首先，VAVE 是一个创造性的过程，需要一个公平、开放的环境和气氛。在 VAVE 研讨会上需要遵守如下原则：

☐　没有最好的设计，只有更好的设计

☐　不要用类似下面这种杀手式的话来推翻一个好的建议：

　　　　老板决定的；

　　　　因为质量问题；

　　　　造型要这样做；

　　　　因为某车型也有；等等

☐　不要标题式地回答问题，尽可能地量化回答

☐　不用花时间去论证为什么不行（不能改善）！而是与 VAVE 团队一起探讨怎样才能可行

其目的，就是要寻找客户体验更好、质量符合客户要求、成本更低的产品设计。

其次，正是因为 VAVE 研讨是一个创造性的过程，需要有丰富经验的产品研发、产品制造、产品成本、产品质量、产品销售的专家人员参加，当然，不排斥新员工的加入，也许他们能提出别人意想不到的降本点子。

最后，需要从产品的功能、材料、加工工艺、公差和标准、表面处理、外购和自制领域梳理出系统的标准化问题，引导 VAVE 团队方方面面都考虑到，都去进一步思考，有没有更好的设计和制造方案，这就是我在第 5 章描述的标准化问题引导的价值分析和价值工程方法。

6.1.2　VAVE 实战案例

1. 产品设计

1）乘用车的换挡支架（见图 6.2）

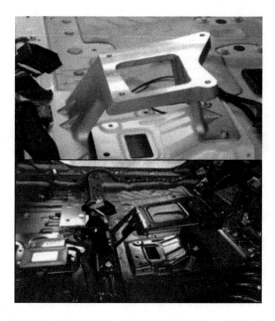

图 6.2　一款乘用车的换挡支架（上面为压铸铝件；下面为冲压钣金件）

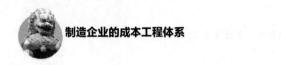

在价值分析过程中，发现《产品要求书》有过度要求，换挡支架的操作力起初定义为 700 牛，远远超出客户正常使用范围，通过和底盘设计部工程师的沟通，降低为 450 牛。

同时，在钣金件的设计中考虑了它的强度，也考虑了它对整车模态的影响（NVH）后，增添钣金支架的加强筋，并制订了详细的模具制作和钣金件的验证计划。

最终结果是单件降低成本 45 元，另外降低重量 647 克。以 2.5 年车型剩余生命周期为基础，商务案例计算净现值 NPV 得出：降低成本总额 1012 万元。

2）日行灯模组（见图 6.3）

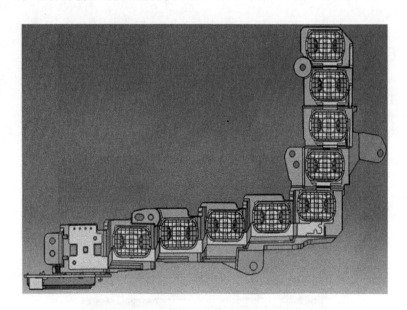

图 6.3　日行灯模组

在保障发光亮度、色度的前提下，对发光二极管进行了更新、优化，优化后每个日行灯模组降低成本 10 元。

3）中冷器翅片（见图 6.4）

翅片厚度从 0.12 毫米减少到 0.08 毫米，单件降低成本 3.38 元，减轻重量 202 克。

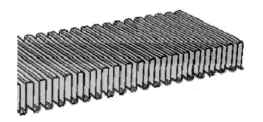

图 6.4　中冷器翅片

4）车身后地板阻尼片（见图 6.5）。

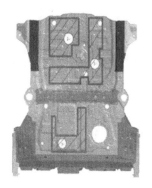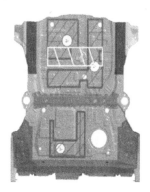

图 6.5　车身后地板阻尼片

通过 NVH 仿真分析，白色框所示部分阻尼胶可以取消，降低成本 2.32 元，降低重量 148 克，商务案例计算净现值 NPV 得出：降低成本总额 116 万元。

2. 材料

1）排气管法兰（见图 6.6）

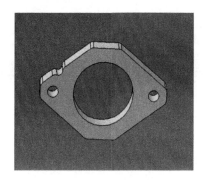

图 6.6　排气管法兰

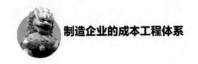

在保障性能（气密性等）的前提下，材料从 SUH409L 改成 Q235，单件降低成本 6.24 元，单车降低成本 37.44 元。

2）蓄电池和发电机线束（见图 6.7）

图 6.7　蓄电池和发电机线束

线束导体原来由铜材料制成，铜导线改为了铝导线，由于铜、铝电导率不同，为了保持电阻不变，变更后的铝导线横截面增加约 60%。

由于铝材料比铜材料价格低很多，增加了导线体积，成本依然降低，变更为铝导线后，单件降低成本 1.25 欧元，商务案例计算净现值 NPV 得出：降低成本总额 150 万欧元。

3. 生产工艺

1）前、后保险杠下护体（见图 6.8）

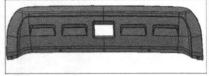

图 6.8　前、后保险杠下护体

在保障零部件外观和性能要求的前提下，通过优化色漆性能，将底漆、色漆、清漆三道喷涂工序优化为底漆、色漆两道喷涂工序，减少材料成本和减少喷涂工序工艺成本，单车降低成本 30 元，商务案例计算净现值 NPV 得出：降低成本总额 1200 万元。

2）干硬车替代湿磨加工（见图 6.9）

图 6.9　干硬车替代湿磨加工

重卡变速箱齿轮，干硬车替代湿磨加工，单件降低成本 0.35 欧元，商务案例计算净现值 NPV 得出：降低成本总额 30 万欧元。

3）微量润滑飞机大型集成结构件（见图 6.10）加工工艺

图 6.10　微量润滑飞机大型集成结构件（锻造铝合金机身和地板）

飞机集成结构件通常是用大型、开放式的加工中心来制造的，加工时需

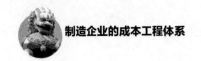

要大量的冷却、润滑乳液，每小时用量约 3000 升，这是一个巨大的环保和成本压力。

通过近三年的工艺开发和部件测试（避免比如锻造铝合金的软化热烧斑等发生），成功地用微量润滑技术（冷却、润滑液仅用每小时 30 毫升），既减轻了处理大量冷却、润滑乳液的环保压力，也降低了制造成本，每天节约 24,000 欧元。

该案例源自我和同事们在奔驰集团研究中心开发的飞机大型集成结构件微量润滑加工工艺，最终在欧洲空客飞机公司（Airbus）实现系列生产的量产，并获得空客和德国乌尔姆市新工艺及环保奖。

6.2 怎样避免过度工程

图 6.11 所示为五款不同车型的车载空调控制面板，实现如下的客户功能：

☐ 打开或关上空调

☐ 调节并显示空调温度

☐ 调节出风方向和风力大小

☐ 开关空气内循环，除前挡风玻璃和后玻璃霜

第一款车型用了 3 个旋钮，9 个开关（含显示开关状态的发光二极管），2 个数字显示屏。

第二款车型用了 11 个按键开关（含显示开关状态的发光二极管），1 条二极管照明符号显示条。

第三款车型安装了 1 个旋钮，14 个按键开关（部分含显示开关状态的发光二极管）。

第四款采用了 2 个旋钮，10 个开关（部分含显示开关状态的发光二极管）。

第五款车型仅用了 3 个旋钮，3 个开关（含显示开关状态的发光二极管）。

图 6.11　五款不同车型的车载空调控制面板

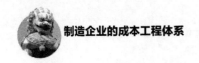

这五款车型的车载空调控制面板成本差异最多可达 200 元，除去造型的影响因素，是典型的"过度工程"（Over Engineering）症状之一：

☐ 产品客户功能复杂实现

☐ 产品性能超出客户的正常使用范围

☐ 产品耐久性大大超过了产品的使用生命周期

在没有增加客户功能的状态下，导致产品成本增加！

要避免过度工程，就要在设计产品时，时时从上述三个方面推敲《产品要求书》。

6.2.1 《产品要求书》

《产品要求书》的目录如下：

一、简介

二、车辆集成要求

三、验证

四、质量和可靠性

五、维护、维修和修理

六、制造工艺

七、系统供应商要求

八、NVH

九、被动安全要求

十、腐蚀

十一、环境

十二、注解

十三、附录

成本工程的首要切入点，就是《产品要求书》（*Product Specification*）。

读者在阅读下面的《产品要求书》时，请重点关注第二"车辆集成要求"和第三"验证"。

成本工程师一定要学会阅读《产品要求书》（或者是《产品技术规范要求书》），这是用技术优化产品成本的核心要领！

有的《产品要求书》很长（A4 纸几百页），这里以一个相对简单明了的乘用车的电子真空泵（子系统）为例，做一个详细分解。

《电子真空泵技术规范要求书》

一、简介

范围：

☐ 本规范规定了有关电动汽车的技术要求，包括安装、模块内部的支架、橡胶元件和所有螺钉固定件。本文件规定了功能、性能、可靠性和验证要求

主要功能：

☐ 电子真空泵是一个功能子系统，它为制动力增强功能

注：这里清晰地定义了电子真空泵的功能。

分类：

☐ 子系统被归类为电子真空泵，包括在 EE（电子电器）主线束处连接的交付内容

附加规范：

☐ 另外，一般规范也适用。从××汽车公司获得供应链管理（采购、物流、包装）

采购部：

☐ 满足制造工艺、质量、服务/售后规范

二、车辆集成要求

供应商应负责设计最小系统重量和体积的部件以满足客户和法律规范。本规范中的规定值仅供参考。

材料：

☐ 见 3D CAD 数据

接口：

☐ EE 连接器

☐ 白车身前纵梁

☐ 底盘真空管路到制动助力器

☐ 整车制动

安装：

☐ 到相邻零件的最小距离参见 3D CAD 环境

使用定义：

☐ 整车技术规范中规定了预期的车辆用途

功能性内容的主要功能内容：

☐ 制动系统中，电子真空泵将产生永久工作真空供应

产品特性：

☐ 除电子真空泵外，供应商交付内容定义如下：

• 安装支架

• 橡胶元件

• 模块内部的所有螺钉固定件

• 电子真空泵的重量（包括交付内容）不得超过 2.5 千克

包括交付内容在内的电子真空泵由供应商设计；优化潜在的特别是重量与成本。在电子真空泵的设计过程中，供应商提供的所有材料建议和选择以实现更好的功能成本效益为目的。

供应商可在开发过程中与车辆工程和制造工艺部门进行技术讨论，讨论部件细节、具体技术要求和功能特性。

☐ 电子真空泵必须是独立应用的

注：如果电子真空泵是用在燃油车或插电式混动车上的，就没有必要"必须独立应用"了，因为燃油车或者插电式混动车在使用燃油发动机动力时，发动机进气道会有低于大气压的情况，用来做制动助力在这里有些过度工程；只有纯电动汽车有必要

要求"必须独立应用"。

- □ 部件必须能够支撑 10 英寸的制动助力器

- □ 计算真空压力差值

- □ 传感器（真空管路上需要）和环境压力传感器（信息来自电子控制单元）。

    这种方法是需要允许更好的控制策略的

- □ 需要 2 个止回阀，一个在制动助力器侧，一个在电动汽车动力侧

- □ **制动应用：≥120 万次切换操作**

注：假设电子真空泵每一公里做一次切换操作（启动或者关闭，这已经是很高的频次了），那么这台乘用车要行驶 120 万千米！远远超出乘用车的使用生命周期（一般是 25 万至 35 万千米）。这是一个典型的过度工程要求，使产品成本急剧增加。

- □ 海拔高度：≤4800 m

- □ NVH（噪声、震动）目标（1m 距离）：<60 分贝（A）

- □ 温度范围：−40℃ 至 110℃，短时 120℃

特殊电气要求：

- □ 真空泵电机电压：10.5～16 V

- □ 过电压：17 V，在 25℃下持续 60 分钟

- □ 反向电压：25℃时 14 V，持续 1 分钟

- □ 电流消耗见 EE 规范书

- □ 关于 EMC（电磁兼容性），请参见《EE 规范书》

- □ **"固态"继电器推荐**

注：固态继电器（半导体）比通常的机械式继电器昂贵很多，虽然它的耐久性可达到数百万次，如上面所说，电子真空泵在它的使用生命周期没有开、关百万次，所以，这个推荐也是不必要的。

功能性能：

- □ 将 3.6 升制动助力器容积从大气降至 200 毫巴绝对值所需的时间 13 伏/25℃：
    <10 秒

- 将 3.6 升制动助力器容积从绝对 350 毫巴减少到绝对 200 毫巴所需的时间 13 伏/25℃：<5 秒

- 功能过全电压和温度范围

- 浸泡 2 小时后，施加 13.5 伏（5 秒）后无退磁（如适用）

- 零下 40 摄氏度，可运行

三、验证

本节定义了验证操作强度和功能所需的活动

测试：

- 操作强度的一般准则在以下文件中定义：技术规范书"整车运行强度"处概述。

- 除非另有说明，否则所有内容完全适用于相应的子系统。

严重故障：

关键故障是子系统电子真空泵或任何单个部件的故障，导致车辆失去控制。此类故障的生存期目标是常规生存期目标的两倍，也就是说，32 万千米将不会出现任何裂缝或功能丧失。

确保模块寿命满足要求的测试：

供应商必须提供验证报告（Development Verification Protocol，DVP）以确保电子真空泵通过车辆工程的集成测验。测试细节、评估标准和加载程序必须与供应商达成一致。必须考虑以下试验：

① 耐久性试验：

- 使用 120 万次循环作为 3.6 升制动器的一个使用寿命，通过耐久性试验证明

注：这个 120 万次耐久性要求，是在第二部分中要求的，所以是过度工程。

- 增压器容积为 500~300 毫巴，在 14V 时为 100℃、80℃和 30℃

② 环境试验：

- 空气对空气热冲击：在 120℃至-40℃之间循环 100 次，浸泡 1 小时

- □ 高压水喷雾：符合 DIN 40050 第 9 部分防护类型 IPX9K（防水国际标准）

③ **盐雾：**

- □ 电子真空泵：144 小时，符合 DIN（德国工业标准）ISO（国际标准）9227（电子真空泵不运行）

- □ 电子真空泵支架：240 小时，符合 DIN ISO 9227

- □ 电机腐蚀试验：根据 DIN ISO 9227，在盐雾箱中 17 小时（电机运行状态）

④ **湿度：**

- □ 根据 DIN EN 60068 第 2-30 部分。循环泵/电机贯穿试验（T1=55℃，T2=25℃）

⑤ **流体阻力：**

- □ 测试泵/电机与各种车辆流体中受到的阻力

⑥ 根据 DIN EN（欧盟标准） 60068 第 2-14 部分的温度变化：

- □ 循环次数 35；温度变化在+100℃和−40℃之间

⑦ 防尘性：

- □ 符合 DIN 40050 第 9 部分 IP6KX 防护类型

⑧ 过载电阻：

- □ 根据 DIN EN 60068 第 2-2 部分进行温度储存试验

⑨ 机械试验：

- □ 冲击试验：60 次冲击（根据 DIN EN 60068 第 2-29 部分，x、y、z 各轴 10 次冲击负方向、10 次冲击正方向）

- □ 随机振动试验：根据 DIN EN 60068 第 2-64 部分

- □ 跌落：从 1 米处跌落到混凝土上，如果没有外部损坏迹象，那么必须保证能正常运行

- □ **连接器线束的拉力：90 N，持续 1 分钟**

注：电子真空泵的目标重量是 2.5 千克，为什么连接器线束还要承受 90N（9.18 千克的力？）

- □ 正弦振动（分离单元）：根据 DIN EN 60068 第 2-6 部分，22 小时/每个轴

⑩ 电气试验：

- □ 过电压试验：17 V，在 25℃下 60 分钟

- □ 跨接启动试验：27 V，20 秒循环时间，2 秒开启，18 秒关闭，6 个循环

- □ 阻隔电流：在室温下 14 V，阻隔时间 1.5 小时，40A 保险丝

- □ 绝缘电阻（适用于直流电动机）：施加 500 V 直流电后，电动机运行，在连接器和轴或外壳之间（报告电阻）

四、质量和可靠性

本节在《通用规范书》中定义，如果当前文档在本节中没有说明，则上述规范适用。

五、维护、服务和修理

在《通用规范书》中定义。

六、制造工艺

基本上在《通用规范书》中定义。

七、系统供应商要求

子系统由车辆工程部定义，由系统供应商开发。车辆工程部负责整个车辆试验和认证。系统供应商负责系统和/或组件级别的所有认证及测试、报告、零件、图纸、数据表。整车认证必须有文件支持，如果需要，还必须有必要的硬件支持。

- □ 认证所需图纸（如适用）：总体设计及相应部分（布局）；通过认证的单个零件图纸（如需要）；所需的示意图，相关图纸必须由供应商保存。系统供应商负责确保遵守认证/型式认证的现行法律

法律和标准：

一般来说，本节在《通用规范书》中有详细说明。供应商应确保在车辆销售国遵守法律法规。系统会根据内容添加内容、备选方案和申请必须满足"销售市场"和"法律要求"的一般规范《供应商通用规范手册》。

八、NVH

见《通用规范书》。

九、被动安全要求

见《通用规范书》。

十、腐蚀

防腐主要要求见《规范手册-腐蚀》。

必须履行：

☐　安装条件下不允许有污垢或水滞留，车身磨损必须避免

为了验证整车上部件的防腐保护，部件必须通过腐蚀耐久性测试

☐　安装在干燥区域（乘客舱）的带有金属涂层的部件必须通过 240 小时的 NSS 盐雾试验，无红锈，符合 DIN ENISO 9227 标准

安装在潮湿区域的带有金属涂层的部件必须通过：

- 480 h NSS 盐雾试验，无红锈，符合 DIN EN ISO 9227（如果它们受到机械保护）。

- 720 h NSS 盐雾试验，无红锈，符合 DIN EN ISO 9227（如果他们暴露在环境中）。

☐　安装在干燥区域（乘客舱）的喷漆部件必须通过 5 个周期（气候变化试验）VDA621-415 试验，在潮湿区域 10 个周期

VDA 测试标准：

☐　分层：最大 2 毫米（根据 DIN EN ISO 4628-8 段落进行评估 6.2 条）

☐　起泡：最大起泡尺寸 S2（根据 DIN EN ISO 4628-2 评估）

☐　生锈程度：Ri 0（根据 DIN EN ISO 4628-3 评估）

十一、环境

环境规范，包括资源保护和回收、材料限制和蒸发排放，毒理学和气味在说明书中陈述。

十二、注解

缩略语、缩写和符号。

EE：电气/电子。

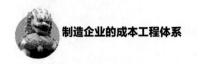

材料清单。

《通用规范书》。

《EE 规范书》。

十三、附录

根据《电子真空泵技术规范要求书》，得出如下过度工程的点子：

《电子真空泵技术规范要求书》中的过度工程	
过度工程点	成本优化潜力
第二部分"整车集成""电子真空泵必须是独立应用的"	针对使用燃油发动机动力的车型，是一个过度工程要求
第二部分"整车集成"制动应用：≥120 万次切换操作	改为耐久性≥25 万次的电子真空泵，降低成本 300 元
第二部分"整车集成""固态"继电器推荐	改为机械式的继电器，既保障了耐久性要求，又降低了成本 40 元
第三部分"验证"连接器线束的拉力：90 N，持续 1 分钟	有没有可能在安装或者电子真空泵正常运行时，出现线束载荷？接插件和线束线径有没有优化空间？

过度工程的点子，往往是通过技术优化成本的突破点。多花一些时间阅读和充分理解《产品要求书》里的内容，是很有价值（客户价值）的。

6.2.2 产品性能超出客户的正常使用范围

6.1.2 节介绍了一个 VAVE 的实战案例：换挡支架，提到了最初设计时，假设客户操纵换挡手柄的操纵力为 700 牛，也就是约 71.43 千克的操纵力！问题就出现在这里，这款乘用车还配置的是自动变速箱，换挡时，需要这样大的力气吗？这是客户正常使用范围吗？

不是。依据我的设计经验，操纵力应该小于 350 牛。也就是说，设计工程师在设计这个零部件时把客户的正常使用范围扩大了一倍！最终设计出来一个换挡支架，成本会高出 45 元，重量增加 647 克。这也是一个典型的过度工程。

6.2.3　产品耐久性超过了产品的使用生命周期

如图 6.12 所示的电子真空泵，根据产品耐久性的最初要求，它的电机可以启动 120 万次。

图 6.12　电子真空泵

如果按照每行驶 1 千米电机启动一次的话，那么这辆车（单从电子真空泵来说）可以行驶 120 万千米，而正常乘用车的生命周期是设定在 25 万～35 万千米的。也就是说，这个电子真空泵的产品耐久性要求远远超过整车的生命周期要求。又是一个"过度工程"的典型案例。

因此，从这里就能找到成本优化空间，在保障电子真空泵性能及整车 NVH 要求的前提下，通过对耐久性能要求的再次评审，由原来的 120 万次电机启动次数，降低为 45 万次（相当于可以在正常使用状况下行驶 45 万千米），并做了相应的验证。这样，单件成本降低 300 元，降低成本总额 2250 万元（净现值 NPV）。

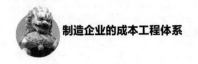

6.2.4　避免过度工程的实战案例

1. 管梁本体（见图 6.13）

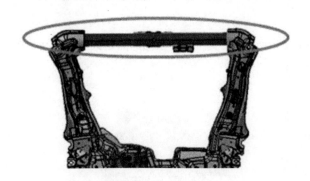

图 6.13　管梁本体

初始设计如下：

☐　管梁本体采用 35 号冷拔无缝钢管，屈服强度 315MPa

☐　管壁厚度为 3 毫米

☐　设计安全系数为 3.0

设计安全系数设为 3.0，是典型的过度工程。优化后的设计为：

☐　管梁本体是采用 QStE380 焊接钢管，屈服强度 380MPa

☐　管壁厚度为 2 毫米

☐　设计安全系数为 2.0

结果单件降低成本 7.18 元，同时减轻重量 1.12 千克。

2. 车身锌涂层（见图 6.14）

为了防止锈蚀，车身的部分钣金件两面都镀了锌层。这里有不同厚度标准，有 40 克每面每平方米的，也有 50 克、70 克每面每平方米的。

图 6.14　车身锌涂层

　　一般车型使用 40 克或 50 克每面每平方米镀锌层的板材，车辆在正常情况下长期使用，不会有锈蚀。但是，有的车型却要使用 70 克每面每平方米的镀锌层。

　　有些车身部件是不需要锌涂层的，如果也用了涂锌层的板材，就会造成"过度工程"。

　　本例中，优化过度工程的方案为，在①部件处取消锌涂层，把②部件的锌涂层从 70 克每面每平方米降低为 50 克每面每平方米。这样，单车降低成本约 200 元。

6.3　成本工程与轻量化

　　为了降低油耗或电能消耗，无论是传统燃油车还是新能源汽车，整车的轻量化设计是一个势在必行的趋势。

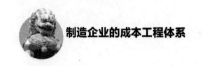

为了研究整车轻量化，优秀车企的投入是巨大的，例如，为了减轻重量1千克，德国某知名车企愿意增加成本10欧元（约80元人民币），某日系车企愿意增加成本5欧元（约40元人民币），国内一家自主品牌车企愿意增加成本20元人民币。

轻量化设计，读者首先想到的一定是铝合金、镁合金、高强度钢材，或者昂贵的复合材料，比如碳素纤维增强塑料。采用这些材料，一是材料成本增加，二是制造工艺复杂化（制造成本也随之增加）。

当前汽车市场销量下滑、竞争激烈，在增加整车成本的基础上实施轻量化已经不是大多数车企的可选项了。

尤其是新能源汽车，虽然电动机代替了内燃机、减速器代替了变速箱，重量有所下降，但是也增加了沉重的电池包（数百千克），以及高压线束、逆变器、功率分配器、车载充电器等较重的子系统。轻量化、降低成本对新能源汽车来说，是要兼顾的必选项。

6.3.1　成本工程与轻量化的函数关系

轻量化的同时，又要降低成本，怎么做呢？先来分析一下重量和成本的函数关系（见图6.15）。

在图6.15中，纵轴是成本，横轴是重量，从横轴来看，可以分为三个区域。

在第一区域，随着重量的降低，成本也在降低，这一区域，重量还是处于一个较高的阶段。

在第二区域，重量进一步减少，成本也会降低，一直到一个成本最低的极点，这是轻量化的一个最佳点，过了这个极点，重量再进一步降低，成本却又要增加了，横轴也从第二区域进入第三区域。

在第三区域，轻量化进一步深入，重量却也急剧增加。

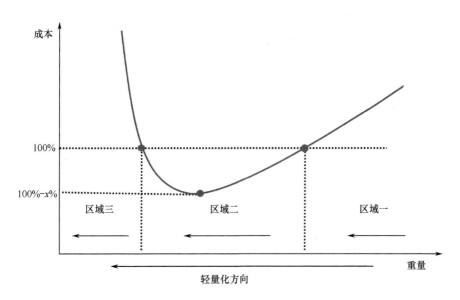

图 6.15 重量和成本的函数关系

6.3.2 既降低成本，又轻量化的实战案例

下面用一些实战案例说明既轻量化，又降低成本的方法。

1. 优化零部件的几何尺寸

在第一区域中，在相同材质的条件下，通过零部件的几何尺寸设计优化，降低了重量，也降低了成本。

如图 6.16 所示的保险杠左下本体，其材料是 PP+EPDM+TD20（PP 和 EPDM 混合塑料，添加了 20%滑石粉），在同样材质、保障零部件的功能和强度要求的情况下，减小设计厚度，从 3mm 减少到 2.5mm，既降低重量 114g，又降低成本 2.7 元 。

在重量和成本的函数关系曲线中，轻量化位于第一区域。优化零部件的几何尺寸，可以应用 CAE 中的拓扑优化算法。当然，优化后的几何尺寸，是需要进行可制造性分析的（如注塑件，用注塑仿真软件进行分析）。

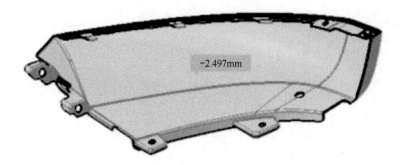

图 6.16　保险杠左下本体

2. 优化设计安全系数

这里的重点是，从零部件的实际载荷出发，做 CAE 的强度分析，对比使用材料的相关参数。由于 CAE 分析及有限元计算所用的材料参数和实际材料有一定的误差，所以，在设计零部件的几何尺寸时，使用了所谓的设计安全系数。也就是说，实际载荷和设计安全系数是轻量化的核心参数。

当轻量化进入第二区域时（见图 6.15），使重量进一步减少，需深入分析的首先就是设计安全系数。

一般 CAE 分析使用的是有限元计算方法，有限元计算的误差通常在 10% 左右，假设在计算中使用的材料曲线同实际材料性能误差为±15%，那么，最佳的设计安全系数就是 1.25。

举一个实战案例，图 6.17 所示为一款 SUV 前副车架的横梁，原设计安全系数为 3.0！为了轻量化，同时降低成本，把设计安全系数减小为 2.0（距离设计安全系数 1.25 还有充足的余量），实现轻量化 1.12kg，同时降低成本 7.38 元。

图 6.17　一款 SUV 前副车架的横梁

关于设计安全系数的优化，资深底盘专家认为设计安全系数可以从 1.5

起步，做一至两个循环，优化到 1.3。这时，轻量化进入重量和成本函数关系中的第二区域。

3. 优化材料

当谈到轻量化时，最先提到的，就是改变材质。这里举一个起动机线束的例子（见图 6.18），通常导线用的是铜材料，如果用铝材料代替铜材料，虽然铝的电阻率比铜高，需要扩大铝导线横截面（约 60%），但是由于铝的密度为 2.7 千克每立方分米，而铜的密度为 8.9 千克每立方分米，远远高于铝，同时，铝的成本也比铜低很多。所以，轻量化的同时，也降低了成本，这个实例重量减轻了 140 克，成本降低了 2.1 元。

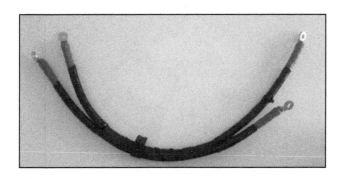

图 6.18　起动机线束

另一个实例是蓄电池支架（见图 6.19），其通常用的是钣金材料，改为玻纤增强的塑料（PP+LGF30）后，降低重量约 500 克，降低成本约 20 元。

图 6.19　蓄电池支架

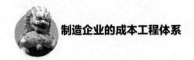
如果进一步轻量化，就可能到第三区域（见图 6.15），典型的例子就是使用碳素纤维材料，成本急速增加。

在第二和第三区域交界点的附近，有一个实战案例——塑料后背门（见图 6.20），它由塑料内板和外板构成，铰链和一些支架依然是钣金材料。这样的设计可以轻量化约 7 千克，成本的变化介于 0 元至 150 元（对比纯钣金的后背门）。优化喷漆工艺，减少废品率，可以实现减轻重量 7 千克，成本保持不变。

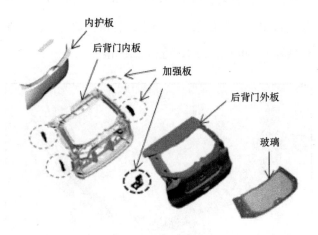

图 6.20　塑料后背门

第 7 章

产品的目标成本过程

产品的目标成本过程是制造企业最核心的过程，是企业的生命线！

为了说明这一点，这里讲一个真实的故事。

有一家曾是德国戴姆勒集团的全资子公司，叫多尼尔航空公司（Dornier Luftfahrt），它为了开发一款"空中的梅赛德斯"，使用大量的先进科技开发双涡扇、涡轮民航飞机 Do328（见图 7.1），其产品技术路径清单中的全玻璃驾驶舱、抬头投影显示等，需要耗费大量的研发资金和高昂的材料费用。

图 7.1 "空中梅赛德斯" Do328 飞机

当输入这些成本数据及市场极其乐观的预测（预测销量及预测售价）后，项目商务案例的计算（净现值 NPV）显示，要销售 300 架 Do328，才能通过净现值 NPV 时间曲线中营业收益的零点。这意味着，以预测的售价销售 300 架飞机后，才能收回前期的一次性投入，还未赚一个芬尼（百分之一德国马克）！

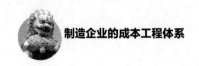

可惜，事与愿违。

- 预测销量：航空市场对 Do328 这种 30 座的支线飞机需求量低于预测
- 预测售价：预测售价也无法实施，实际售价远低于预测的售价
- 研发费用：前期投入的巨额研发资金，只能分摊到少得可怜的销量上

最终，导致每销售一架 Do328 飞机，亏损 110,000 德国马克（约 130 万人民币）。多尼尔航空公司为了维持在德国的生产基地和研发、管理工作岗位，又不得不继续生产和销售这款民航飞机。

但是，销售越多，亏损越大，这就是著名的"多尼尔效应"。Do328 飞机共生产了 217 架，最终，多尼尔航空亏损巨大，公司几经转手后破产。

多尼尔航空公司的这个故事告诉我们：

- 精准、实在的市场分析和客户特征的定义（产品定义）是至关重要的，尤其需要一个实际的预测销量和预测售价，以及客户需要的功能/性能（配置）
- 需要一个准确的项目商务案例分析（净现值 NPV），以及净现值 NPV 对目标成本达成率、预测销量、预测售价等的敏感度分析
- 产品的研发必须按目标成本进行设计。研发工程师先研发，再让成本工程师核算成本的时代已经一去不复返了。工程师的"艺术"不仅是实现功能，更要在设定的目标成本（Target Cost）和目标质量（Target Quality）下，实现客户功能和价值

目标成本过程包含如下三个阶段：

- 目标成本设定
- 按目标成本进行设计
- 设计变更控制

它们是产品过程中必不可少的、重要的组成部分。图 7.2 所示为产品的目标成本过程。

图 7.2　产品的目标成本过程

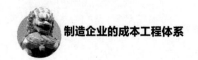

产品的目标成本过程至关重要，产品不只是技术驱动的，更是市场和客户驱动的。图 7.2 标识了成本工程在产品过程中需要做的主要工作，也就是"产品的目标成本过程"。产品的目标成本过程分为四个阶段：

- 目标成本设定：在输入预测销量、预测售价、一次性投入费用（研发费用、模具费用、生产线投资）后，成本工程即可设定整车目标成本。依据整车的初始 BoM（材料清单），再把整车成本分解到每个子系统/零部件

- 按目标成本进行设计：在整车数据冻结之前，应用各种按目标成本进行设计的方法（如型态盒创意法、功能对比法）。各设计部门按照分解下来的目标成本进行设计，同时评估技术设计方案的预期可达成成本。这个阶段也是优化产品成本的最佳时期

- 设计变更控制：在验证阶段，对某些子系统的设计进行修改，这是常常发生的。关键是要对每一个影响成本的设计变更做一个成本差异评估，尽量寻找不增加成本的设计变更方案

- 量产后的 VAVE：连续性优化成本、提高效率，这是一个优秀制造企业的"常态"，每天的成本优化是制造企业的日常业务，而非短时的项目

这里分享两个我在奔驰汽车、长城汽车的经历。

奔驰汽车：

每一个新车型的开发，都会伴随设计变更，每年都会有上千个设计变更。有一次，研发部门提出了一个设计变更，经成本工程部门评估，需要增加成本 0.27 欧元、模具修改费用 11 万欧元。为此，项目总监在项目会议上问道："有没有不增加 0.27 欧元的变更方案？""模具一定要修改吗？"为此，研发、采购、成本三个部门花了 4 周的时间来论证成本增加 0.27 欧元、模具修改费用 11 万欧元是否合理。也许从外面看，奔驰不缺钱，但是，这样的精打细算是"常态"。我们讨论的是 0.27 欧元，大约 2 元人民币！

长城汽车：

有一次，底盘开发工程师团队提出了一个设计变更，理由是轮胎和轮毂的自振频率太接近，容易产生共振，变更方案是增加轮毂的质量、改变模态，使双方的自振频率分离远一点，依此设计变更方案，成本将增加约 20 元，重量增加 1 千克。我在与这个设计工程师的讨论时提出："改变模态，一种是增加质量，另一种是减少质量！"这时这位工程师说道："啊，我怎么没有想到呢！"最终，这个设计变更是减少轮毂质量，改变模态，避免了轮胎与轮毂的共振，同时比设计变更前还降低了成本和重量。

7.1 第一客户

优秀企业都在设立"第一客户"部门，它类似"蓝军部队"，以客户的眼光，专门尖锐地挑剔产品定义和产品研发内容。

以一款新车型为例，"第一客户"关注重点如表 7.1 所示。

表 7.1 "第一客户"关注重点

空间	前排座椅空间，膝盖空间余量，头部至顶棚空间余量；扶手箱、杂物箱空间和使用便利性
	座椅舒适性、可调节性，座椅加热
	后排座椅舒适性，膝盖空间余量
	后备箱大小、装卸行李便利性
被动、主动安全	C-NCAP 碰撞结果，前排安全气囊，侧面安全气囊，安全气帘，膝盖气囊
	制动助手，紧急制动雷达（毫米波雷达），倒车助手
人机交互	导航、组合仪表、内外后视镜等人机交互操作便利性、可视性
空调、暖气	空调、暖气舒适性，响应速度
舒适	驾驶舒适性，NVH 性能
操控	直线行驶，转向，加速，制动
气味	座舱内 VOC

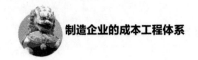

在产品定义阶段，首先需要做的就是"客户需求分析"。客户及"第一客户"对产品的哪些功能/性能提出了改进需求，针对这些客户需求，要对新开发的产品一一制定相应的举措。图 7.3 所示为一款产品的客户需求分析及需要改善的领域。

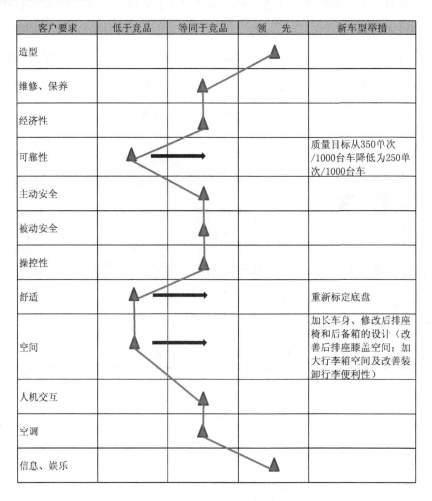

客户要求	低于竞品	等同于竞品	领 先	新车型举措
造型				
维修、保养				
经济性				
可靠性				质量目标从350单次/1000台车降低为250单次/1000台车
主动安全				
被动安全				
操控性				
舒适				重新标定底盘
空间				加长车身、修改后排座椅和后备箱的设计（改善后排座膝盖空间；加大行李箱空间及改善装卸行李便利性）
人机交互				
空调				
信息、娱乐				

图 7.3　客户需求分析及需要改善的领域

除了"第一客户"的分析与输入，还需要听取真实客户的意见。

多数车企在新车型立项之前，会做一个所谓"汽车诊所"的客户调研。

做"汽车诊所"调研时，一定要以真实客户的意见为准，而不是以车企的董事长或者董事会成员的意见为准！

奔驰在开发 W222（S 级）的前期，为了满足未来的一个核心市场（中国）客户的需求，专门邀请了上千个客户（或者潜在客户）到德国斯图加特总部，专门询问了他们的想法和需求，得到了需要改善的领域、点子。

7.2　产品目标成本的设定

产品目标成本的设定是成本工程的核心工作之一，是产品概念企划阶段结束时、产品项目立项之前要去做的一个重要输出物。

7.2.1　设定目标成本

设定目标成本需要表 7.2 的输入物。

表 7.2　产品目标成本设定时的输入物

部　　门	输入物
商品企划	预测售价及售价在产品计划生命周期内的变化、产品目标利润率（净利率）
销售	预测销量及销量在产品计划生命周期内的分布
产品企划	整车构想书、配置表
质量、售后服务	保修期质量维修费用
原价企划（财务）	设定产品目标成本，设计变更成本预留

以一款 SUV 为例，设定目标成本的背景和前提条件：

项目项目代号	×××
销量目标	100,000 台/年
上市时间	2021 年 9 月

预测销量：

时　　间	2021 年	2022 年	2023 年
预测销量（台）	30,000	90,000	75,000

（续表）

预测售价：				
配置/预测售价（元）	低配	中配	高配	顶配
动力总成 1.5T+6MT	100,000			
动力总成 1.5T+6DCT		120,000	140,000	
动力总成 2.0T+6DTC				160,000

其他前提条件：

☐ 商品企划（企业）要求的净利润率 8%

☐ 资本利率 7.5%

☐ 一次性费用按照生命周期预测销售量分摊

☐ 设计变更成本预留（10%）

表 7.3 为按照整车成本模型计算出整车目标成本。

表 7.3 按照整车成本模型计算出整车目标成本

车型款式	1.5T+6MT	1.5T+6DCT 中配	1.5T+6DCT 高配	2.0T+6DTC
目标成本（元）	78,380	84,080	89,765	95,465
设计变更成本预留（10%）（元）	7,838	8,408	8,977	9,547
最终目标成本（元）	70,542	75,672	80,788	85,918

动力总成 1.5T+6DCT 是主力车型，可作为分解整车目标成本到各个子系统的参照。设定整车目标成本后，就可以做商务案例计算（净现值 NPV）（见图 7.4）。

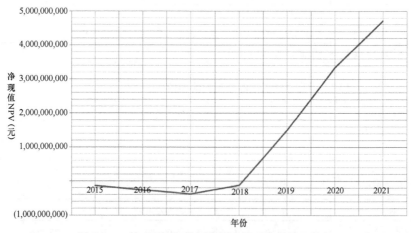

图 7.4 一款 SUV 的商务案例计算（净现值 NPV）

7.2.2　目标成本的分解和匹配

以上述 SUV 为例，要分解整车目标成本至各个子系统，首先需要建立一个整车的"初始材料清单"。

新车型如果添加了新的配置，需要添加因配置变化导致的初始材料清单及添加的相关子系统成本，得出一个完整的初始材料清单。

假设 VC_t 是整车目标成本，VC_r 是量产的参照车型整车成本，C_r 是参照车型的某子系统成本，那么新车型对应子系统的目标成本 C_s 线性分解为：

$$C_s = \frac{VC_t}{VC_r} \cdot C_r \tag{8}$$

标准件不做相应的线性分解，保持原有成本（如果需要，可以设定一定百分比的优化目标）。由此得到新车型各个子系统的目标成本（见表 7.4）。

表 7.4　新车型各个子系统的目标成本

对象描述	零部件来源	组件数量	子系统目标成本（元）
自动变速器总成	外购	1	8,414.83
发动机总成	自制	1	11,656.52
发动机左悬置本体总成	外购	1	32.68
发动机左悬置支架总成	外购	1	43.57
左悬置车身连接支架	外购	1	58.59
发动机右悬置总成	外购	1	133.71
发动机后悬置支架总成	外购	1	5.78
发动机后悬置本体总成	外购	1	44.68
双质量飞轮总成	外购	1	526.59
燃油箱总成	外购	1	244.35
油箱保护架总成	外购	1	8.17
碳罐安装支架总成	外购	1	15.51
燃油箱锁总成	外购	1	7.96
加油管总成	外购	1	67.76
加油口护罩总成	外购	1	2.82

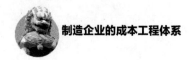
（续表）

对象描述	零部件来源	组件数量	子系统目标成本（元）
蜗轮蜗杆环箍	外购	1	1.25
四孔管夹	外购	3	1.67
进油软管	外购	1	9.59
……	……	……	……

整车各个子系统的目标成本分解完成后，接下来的主要工作，就是各设计部门，按照目标成本进行设计。按目标成本设计子系统的方法在第 5 章已经做了详细介绍，比如型态盒创意法、功能-成本对标法等。

基于设计部门的设计方案，原价企划（成本工程）部门对各个子系统依据其设计方案做一个可达成成本计算（预测），达到目标成本的子系统设计方案，经原价企划、设计部门领导审核、项目总监批准放行。图 7.5 所示为子系统按目标成本设计方案确认单。

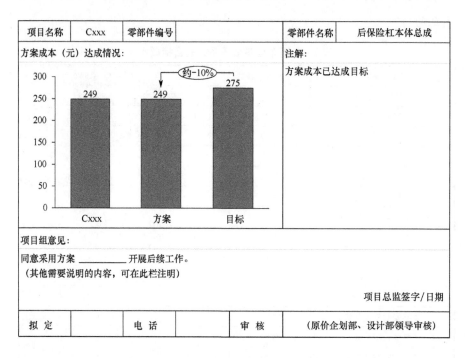

图 7.5　子系统按目标成本设计方案确认单

由于各子系统的成本由设计、造型、销售、性能等部门提出的各种要求产生，所以，子系统在设计过程中降低成本的总额需要这些部门共同承接，表 7.5 是多个部门共同承接降低成本目标的一个实际案例。

表 7.5 多个部门共同承接降低成本目标

系　　统	降低成本目标（元）	承接部门
车身	800	车身、安全、造型
内外饰	1,500	内外饰、造型、NVH
电子电器	2,000	电子电气、销售
动力总成	500	动力总成、操控
底盘	300	动力总成、操控

如果在数据冻结之前，少数子系统通过了多个轮回的设计优化，依然不能达到目标成本，这是就需要一个匹配过程。图 7.6 所示为子系统可达成成本与目标成本的关系示例。

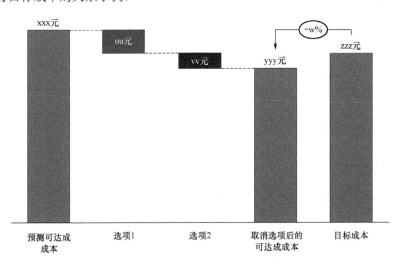

图 7.6 子系统可达成成本与目标成本的关系示例

在匹配过程中，成本工程师对指定子系统做一个功能/性能选项分析，为项目组提供一个清晰的选项成本明细；销售部门负责列出客户功能需求，并按照这些功能对客户按"重要""一般""不重要"的方式分类排序，项目组最终决定哪些是可以取消的选项，哪些必须保留。图 7.7 所示为子系统目标成本的匹配过程示例。

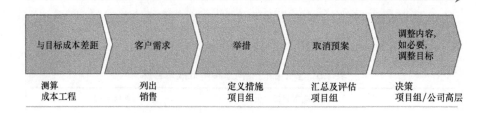

图 7.7　子系统目标成本的匹配过程示例

7.2.3　目标成本的达成路径

产品的目标成本如何才能达成呢？产品成本的优化潜力在产品设计初期，约是 85%（见图 7.8 曲线②），到了产品验证后期，成本优化潜力只有 15%左右了。

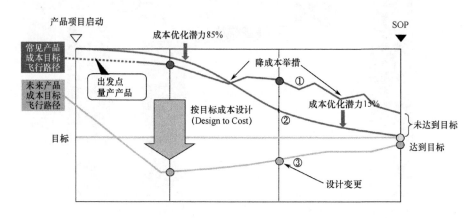

图 7.8　产品的目标成本达成路径

如图 7.8 所示，常见的产品成本目标飞行路径（曲线①），成本出发点通常是量产产品或参照产品，没有目标成本设定（或者只是设定一个模糊的目标成本范围），就更谈不上按照目标成本进行设计。产品项目到了验证阶段，在计算产品经济性时如果发现预测产品成本过高，被迫开展降本工作，

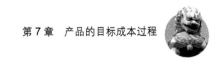

那么收效不会很大，最终在产品量产时，产品的经济性将大大低于预期。

真正要实施目标成本过程（曲线③），必须按照商务案例计算（净现值 NPV）设定一个清晰的产品目标成本，其中包含设计变更成本预留（5%~10%），然后对产品及其相关子系统执行按目标成本进行设计，最终在量产启动时，达到产品目标成本和预期的产品净现值 NPV。

第8章

制造成本的优化

图 8.1 显示了一款乘用车前保险杠的成本构成，从中可以看出，制造成本占比 38%，当然，制造工艺及工艺的组合不同、设备不同、人工工时不同等，都会影响这个占比的大小。

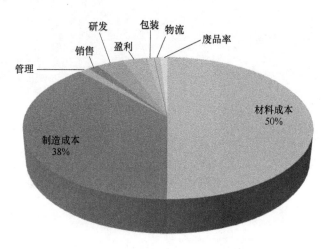

图 8.1　一款乘用车前保险杠的成本构成

除了优化材料成本，优化制造成本同样是制造企业的"必修课"。

制造成本的主要组成部分如表 8.1 所示。

从作坊式单件加工到流水线式的批量生产，就是为了降低单价制造成本、提高生产效率和产品制造质量。数十年来，制造企业为了降低制造成本、提高效率，产生、创立了各种企业管理架构、生产体系和流程。

表 8.1　制造成本的主要组成部分

	设备折旧费用
直接费用	人工费用
	能源、水、气等费用
	设备维修费用
间接费用	质量管理费用
	生产管理费用

8.1　丰田汽车制造系统（TPS）

丰田汽车制造系统的精髓有两点：

① 消除所有浪费。

② 持续改善。

浪费是指没有推进流程中的任何事物，没有增加附加值的一切事物。在生产体系中的典型浪费有：

- ☐　生产线体布局不合理
- ☐　设备利用率低，设备闲置
- ☐　生产材料（零部件）利用率不高、过度包装
- ☐　生产材料（零部件）质量要求不统一或没有量化质量标准，退货率高
- ☐　仓库库存过多（资本浪费）、过度生产（产量超过客户需求量）
- ☐　操作工无效走动，或者走动距离过长
- ☐　工位人员分配不均匀，有人很忙、有人很闲
- ☐　成品不合格、返工

......

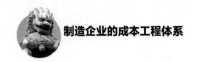

我推崇的理念是"没有最好的产品设计，只有更好的产品设计"。

同样，在生产体系中，"没有最有效的生产线，只有更有效的生产线"。

持续改善，不是要形成"时时解决问题"的文化，而是要形成"找到问题的根源，一次做好，使明天不再产生同样的问题"的文化；这同时需要每个员工不断地学习，提高自身能力，以达到持续改善。

8.2 梅赛德斯-奔驰制造系统（MPS）

我自己在梅赛德斯-奔驰多个生产线（包括轿车、商务车、卡车整车生产线，以及发动机、变速箱、底盘等子系统和零部件生产线）体验多年，也多年参与戴姆勒集团研究中心新工艺的开发，在这里对梅赛德斯-奔驰制造系统（MPS）跟读者做一个详细的分享，图 8.2、图 8.3、图 8.4、图 8.5 分别显示了奔驰一款乘用车冲压、焊装、喷涂、总装线的工作现场。

图 8.2　一款乘用车的冲压线

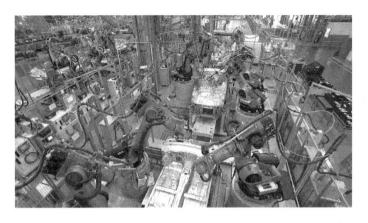

图 8.3　一款乘用车的焊装线

图 8.4　一款乘用车的喷涂线

图 8.5　一款乘用车的总装线

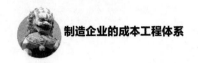

梅赛德斯-奔驰生产线以严谨、品质、自动化著称，并融合了丰田制造系统的消除浪费、持续性改进的思路，形成了自成一体的生产体系——梅赛德斯-奔驰制造系统（Mercedes-Benz Production System，MPS）。

8.2.1　价值流分析

价值流分析，也称为材料流、信息流分析，是一种统一地、跨流程地在整个价值链中对材料流、信息流进行分析，并找出疑点、得出优化点的方法。

如图 8.6 所示，价值流分为材料流和信息流。

材料流是指从原材料、半成品，经过生产线加工、组装，最终成为成品的整个过程。

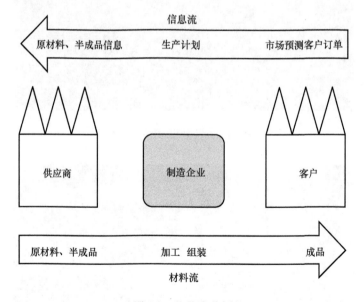

图 8.6　价值流分析

而信息流则是指从市场预测、客户订单开始，制定生产计划，直至订购原材料、半成品订单发出。

价值流分析共有两步。

第一步，价值流现状录取。

- ☐　分析客户需求
- ☐　描述参与工位和工作内容
- ☐　找出流程启动点
- ☐　采集流程步序
- ☐　展示流程数据、交接点、信息
- ☐　展示内部材料流、信息流信息
- ☐　计算运转时间和产生附加值的时间

第二步，"理想"价值流描述。

- ☐　考虑客户需求量、生产节拍
- ☐　减少、优化交接点
- ☐　生产线体、生产设备优化
- ☐　流程"平顺化"
- ☐　建立"拉动"系统
- ☐　考虑市场需求波动和生产柔性化
- ☐　记录需要改善的点子

下面用一个部件组装线的例子来说明价值流分析方法的应用。分析一下这个部件组装线的价值流现状（见图 8.7）。

- ☐　线体布置
- ☐　工位间距离
- ☐　每个操作的详细描述和操作时间分析
- ☐　计算组装线节拍（用时最长工位的时间）

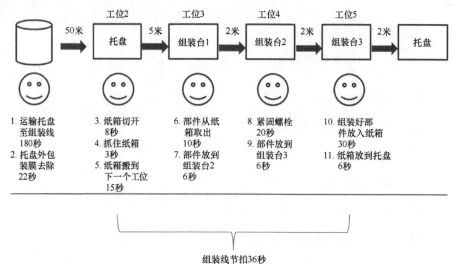

图 8.7　一个部件组装线的价值流现状

操作时间分析结果如图 8.8 所示。

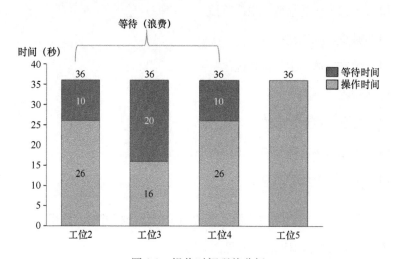

图 8.8　操作时间现状分析

如图 8.8 所示，工位 5 是决定组装线节拍的步序，时间是 36 秒，工位 2、工位 4 都需要等待 10 秒，工位 3 甚至要等待 20 秒，浪费较大。

接下来就是要找出减少浪费的优化点子，描述"理想"价值流（见图 8.9）。

- [ ]　把线体设计从"直线型"改为"U 型"
- [ ]　缩短步行距离
- [ ]　优化操作步骤 5、7、9、11
- [ ]　取消 1 个托盘工位

组装节拍由原来的 36 秒降低为 30 秒，等待时间由原来的最长 20 秒降低为最长 8 秒。

通过分析、优化，这条部件组装线的"理想"价值流如图 8.9 所示。

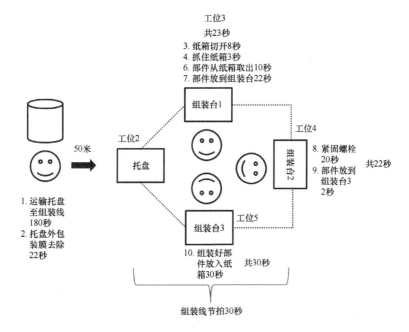

图 8.9　一个部件组装线的"理想"价值流

"理想"价值流下的操作时间对比如图 8.10 所示。

从成本工程的角度来总结一下，通过这个部件组装线的价值流分析和优化，得出如下结论：

- [ ]　生产节拍从 36 秒降低为 30 秒，生产效率提高约 16.7%
- [ ]　节约了一个人工（托盘工位）成本

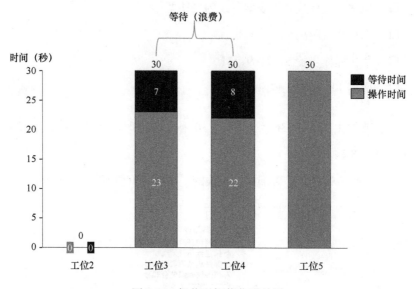

图 8.10　操作时间优化后结果

假设这个部件组装线的投资金额为 100 万元，人工成本每分钟为 0.5 元，通过价值流分析、优化，单件制造成本降低了 0.52 元。

8.2.2　工位数据采集法

工位数据采集法的前提条件是：

☐　不断重复的工作过程，过程节拍≥1 分钟

☐　较为均匀的重复加工/组装、操作

☐　过程状态清晰可视、分离

☐　观察者不是工位的操作人员

工位数据采集法就是把一个过程或一个操作用时间百分比的方式细化、描述（如紧固螺栓、取螺栓、取紧固枪、步行、等待……），测量的时间间隙通常为 10 秒，用一根垂直线记录（见表 8.2）。

表 8.2　工位数据采集法

第 n 次循环	组装	操作	步行	等待	清洗	其他	总数
1	ⅢⅢ ⅢⅢ	ⅢⅢ Ⅲ	ⅢⅢ	Ⅱ	Ⅰ	—	25
2	ⅢⅢ Ⅲ	ⅢⅢ Ⅲ	ⅢⅢ	Ⅲ		—	25
3	ⅢⅢ ⅢⅠ	ⅢⅢ Ⅲ	Ⅱ	Ⅰ	Ⅰ	Ⅱ	25
4	ⅢⅢ ⅢⅠ	ⅢⅢ Ⅲ	Ⅲ	Ⅲ	Ⅱ	Ⅰ	25
5	ⅢⅢ ⅢⅢ	ⅢⅢ Ⅲ	Ⅱ				25
次数	48	40	18	11	5	3	125
占比	38.4%	32%	14.4%	8.8%	4.0%	2.4%	100%

在分析、优化过程中，通过标记创造附加值的部分和不创造附加值的部分，寻找改善潜力。

用图 8.11 来显示采集数据的结果，可以看出，这个工位有约 23.2% 的改善潜力。

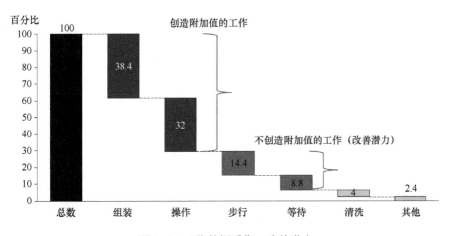

图 8.11　工位数据采集、改善潜力

8.2.3　7V（降低成本，消除 7 种浪费）

通常，在制造企业可以把工作分为如下三类（见图 8.12）：

① 创造附加值（客户功能、客户满意度）的工作；

② 不创造附加值，但是使企业正常运营必要的工作；

③ 不创造附加值且与企业正常运营无关的工作。

第②类工作需要不断减少，第三类工作属于浪费，需要消除。

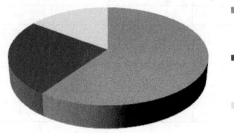

■ 创造附加值的工作

■ 不创造附加值，但
是使企业正常运营
必要的工作

不创造附加值且与
企业正常运营无关
的工作（浪费）

图 8.12　制造企业的三类工作

另外，有 7 种主要浪费：

① 过量生产：生产过多不需要的半成品、成品；

② 过多库存：占据仓库空间，增加更多操作时间、资产成本；

③ 步行距离过长：生产线体复杂，浪费人工工时，工位等待；

④ 运输、搬动：造成部件受损；

⑤ 等待时间：设备故障，原材料、半成品没有及时到位；

⑥ 过高产能、市场波动较大；不必要的自动化；

⑦ 报废、返工：无法及时满足客户订单，部件受损。

如何避免浪费呢？

首先，要分析浪费的原因，使浪费透明化、细分化，做一个浪费清单。

其次，在列出的浪费清单中，寻找改善、优化措施。

8.2.4　5A（一个良好的工位，要做到 5 个 A）

一个良好的工位不仅能保障制造过程的顺利实施，而且可降低出错的风险，减少损失、返工（见图 8.13）。

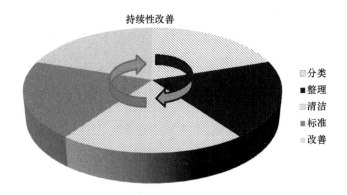

图 8.13　5A 及持续性改善

第一个 A：分类。

工位上的东西哪些是需要的？哪些不需要？需要的频次？为什么在这里？谁负责？比如不被使用的工具、文件。

第二个 A：整理。

需要的工具和辅料在正确的位置吗？

标识工具和辅料放置区，规范整理文件夹，可视化操作规范。

第三个 A：清洁。

始终保持干净的工具和辅料、整洁的工位和公用区。

第四个 A：标准。

使这些点子成为规范和标准。

第五个 A：改善。

所有这些点子始终坚持并不断改善。

我分享一个在奔驰汽车优化制造成本的经历。

在总装车间，一台乘用车需要紧固螺栓约数百个，大大小小、长长短短、尺寸不同、表面涂层不同。影响制造成本（总装成本）的一个重要因素就是总装线操作工紧固一个螺栓的时间。为此，工程师对紧固螺栓过程做了一个优化：

□ 优化前，普通紧固螺栓过程：右手拿来螺栓，定位到孔位上，右手再去拿电动紧固枪紧固螺栓

□ 优化后，螺栓的头部做了几何形状的改动，让左手可以把螺栓定位在孔位上，右手拿电动紧固枪紧固螺栓

这样一来，改变了右手又要定位螺栓，还要紧固螺栓的复杂操作，节约每个螺丝的紧固操作时间为 0.5～1 秒，降低了制造成本（一台乘用车有数百个螺栓需要紧固）。

8.2.5 3M（精益生产中，要避免 3 个 M）

第一个 M："过载" ，比如员工疲劳过度，造成缺工；设备过载，维修时间缺失，导致昂贵的修理、长的停产时间。

第二个 M："不均匀" ，同样时间段，不同的产出量；客户订单和生产计划不协调；员工不同的熟练程度，熟练员工流失。

第三个 M："浪费" ，生产量超过客户订单量；等待、寻找原材料和半成品，不必要的走动，不必要的物料运输，不必要的工作步骤；设备闲置；过多的库存；出错、返工、废品。

避免了三个 M 的精益生产 ，没有"过载""不均匀""浪费"，是平顺的、不出错的、成本优化的制造过程。

第 9 章

模块化战略——成本工程 2.0

2008 年，世界经济危机后的汽车工业痛定思痛，各大企业都在寻找突破困境、可持续发展的道路。

- □ 2009 年，奔驰汽车首先提出模块化战略（Modul strategie），定义出 Mercedes-Benz Front-Wheel-Drive Architecture（MFA）和 Mercedes-Benz Rear-Wheel-Drive Architecture（MRA）的整车架构。核心目的就是要在 150 亿欧元的年采购总额中，降低成本 20%（30 亿欧元）

- □ 2010—2015 年，大众汽车也提出车型平台化，计划了 Modulare Querbaukasten（MQB）和 Modulare Längsbaukasten（MLB）架构

- □ 宝马汽车公布了 FWD（Front-Wheel-Drive）和 RWD（Rear-Wheel-Drive）的整车架构

- □ 2015 年 3 月 27 日，丰田汽车也宣布了 TNGA（Toyota New Global Architecture）整车架构，目的是要降低 25%的研发成本

9.1 企业为什么需要模块化战略

为什么这些先进的大型汽车企业，纷纷提出模块化、整车架构？这里首先要从零部件的成本和需求量的解析关系说起。

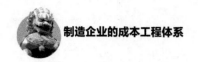

每一个零部件或子系统，都有它相应的生产线及生产设备，正如在 5.8 节介绍的，零部件的制造成本和产量有一个解析函数关系。

产量的增加，使零部件的单件成本降低，其主要原因是生产线的投资总额可以分摊到更多的零部件上了。

如果产量需求超过了一条生产线的产能，增加第二条生产线将导致解析函数的跳跃（见图 5.22）。

这就是为什么要模块化的主要原因了，一个零部件如果不只用在一个车型上，而是用在多个车型上，它的需求量就大幅增加，单件成本也就降低了。

模块化的战略目的，就是要通过模块化在全企业所有产品线上的实施，提高共用模块的使用量，降低零部件成本；减少单一产品研发费用、模具费用、生产设备费用，降低研发风险；同时，减少单一产品新开发零部件的数量，提高零部件的可靠性；并有效地用于不同车型的生命周期，通过模块的不同组合，迅速适应不同市场和客户的不同需求，提升产品竞争力和企业的经济效益。

全企业所有产品线的模块化，使成本工程从 1.0 时代进入了 2.0 时代！

9.2 模块化战略——成本工程 2.0 怎样实施

我们来分析一下积木块的构造（见图 9.1）。

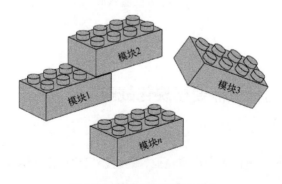

图 9.1 积木块及其连接方式

- 积木块（模块）有一定的尺寸、材料——模块技术方案

- 积木块（模块）有表面突出的数个小圆柱体，每个小圆柱体有相同的直径、高度；积木块背面是空心的；积木块有一定的厚度——模块接口

- 积木块（模块）统一用一种方式和另一个积木块连接（用一个积木块的背面空心处在另一个积木块的小圆柱体插接）——模块组装方式

- 样式和尺寸不同的积木块数量有限，但是可以搭建众多的积木（产品），比如房屋、人物、树木、汽车、飞机、飞船、动物等——产品线

制造企业的产品可以借鉴积木块的方式，来实施企业所有产品线的模块化，主要需要搞清楚以下问题：

- 分析企业所有产品线，需要多少个不同模块

- 每个模块的技术方案是什么

- 每个模块有什么样的接口

- 各个模块是怎么组装成产品的

表 9.1 是一款乘用车整车各个模块的例子。

表 9.1　一款乘用车整车各个模块

车身	内外饰	电子电器	底盘	动力总成
前端（机舱）	内、外后视镜	12V 线束	前副车架	发动机
仪表板加强梁	空调系统	车身控制模块	后副车架	变速箱
主地板	天窗	网管	边轴	起动机
后地板	保险杠	无钥匙进入系统	转向系统	发电机
侧围	雨刷	胎压监测系统	制动系统	发动机悬置
门盖	座椅	组合仪表	轮毂	变速箱选择
翼子板	安全气囊、安全带	导航主机	轮胎	进气、冷却系统
NVH 减震、阻尼、隔热件	座椅	车联网模块	踏板系统	排气系统
……	……	……	……	……

选择、分解模块的标准主要是：

☐ 具有相对独立的功能

☐ 具有较为清晰的、可定义的接口（机械的、流体的、电气的等）

☐ 大多数产品线都采用的

图 9.2 展示了一个符合上述分解标准要求的收音/导航系统模块及相关的机械和电子接口。

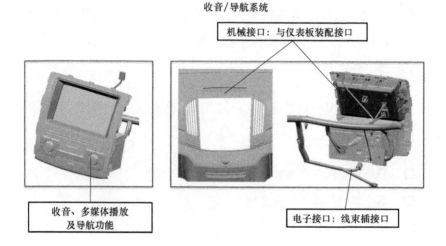

图 9.2 模块收音/导航系统及其接口

模块化的战略远景是通过模块化战略使全企业所有产品线达到最优的模块共用度，从而实现：

☐ 标准化的流程，一流质量，具有竞争力的成本

☐ 高效率的、快速的、柔性的生产体系

☐ 客户可以体验到的产品创新和性能

模块化战略追随一个清晰的、预定的远景，要实现它，需要创造多个先决条件：

☐ 前期策划：尽早开始前期策划，为目标实现做保障；减轻后期产品
开发、优化压力

□ 跨部门协作：跨部门的共同开发和协调以实现开发的成熟度；充分
　考虑客户需求、生产效率和产品质量

□ 模块化战略框架：模块化战略是长期存在的企业运营框架，不是有
　时间限定的产品项目；需要连续性的中长期的优化；每年需要更新
　模块设计书

□ 模块小组：建立以模块为单元的模块小组，核心成员来自研发、质
　量、成本部门；企业所有产品都要通过相关模块小组进行模块策
　划、设计和实施

满足了上述的先决条件，就可以开始着手模块化战略了。模块化战略分
为三个阶段（见图 9.3）：

□ 分析阶段（约 3 个月）

□ 战略和技术设计阶段（约 6 个月）

□ 实施阶段（约 24～36 个月）

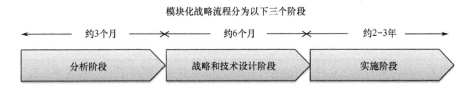

图 9.3　模块化战略的三个阶段

9.2.1　分析阶段

如图 9.4 所示，在模块化战略的分析阶段：

首先要从模块的技术结构开始，针对不同的车型系列，分析哪些部分是
可以共用的？哪些是需要差异化的？

其次，针对模块的技术方案需要对功能/性能要求、成本、质量和客户反
馈、生产时间、重量等做出详细的分析、优化。

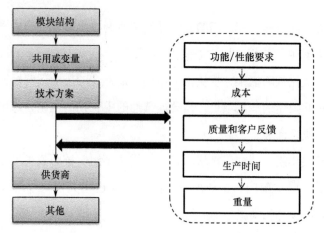

图 9.4　模块化战略的主要工作内容

最后，模块方案还需要根据供应商市场做出综合评估。

以上 3 点，是在如下的标准化指导问题引导下实施的（见表 9.2—表 9.5）：

表 9.2　模块结构标准化问题

MS1（模块结构问题）	模块拥有哪些功能？自身和竞争者有哪几种方案
MS1（模块结构问题）	模块与周边哪些模块有什么样的接口
MS1（模块结构问题）	模块在过往、未来的发展过程中有哪些进步和技术跳跃

表 9.3　共用或变量标准化问题

VV1（共用或变量问题）	模块存在哪些变量（不同产品用）？哪些紧固件
VV2（共用或变量问题）	这些变量的总销售量是多少
VV3（共用或变量问题）	低销售量的模块变量的成本多高？如果通过共用可以优化多少成本
VV4（共用或变量问题）	低销售量的模块变量是客户能够感知到的吗？是什么原因？如果感知很小，是否可以取消这个变量
……	

表 9.4　技术方案标准化问题

技术方案	TC1（技术方案问题）	未来有哪些技术大趋势、法规要求会影响模块的技术方案
	TC2（技术方案问题）	模块在自身企业各产品上有哪些高、低配置，竞品又有哪些高、低配置
	TC3（技术方案问题）	模块的配置率（针对客户功能）在各产品线上是什么样的

（续表）

	CE1（成本问题）	模块的参照成本是多少
	CE2（成本问题）	模块的主要成本驱动点是什么
成本	CE3（成本问题）	参照成本与模块量的成本变化是什么样的
	CE3（成本问题）	模块替换的一次性费用是多少？还有别的哪些切换障碍
	QC1（质量和客户反馈问题）	模块失效率（每 1000 个有多少次失效）是多少？哪些与技术方案相关
质量和客户反馈	QC2（质量和客户反馈问题）	如果失效，有哪些技术措施？技术措施的效果怎么样
	QC3（质量和客户反馈问题）	未来模块设计需要哪些措施以避免失效再次发生
	……	
	PT1（生产时间问题）	模块有哪些组装方式、用在哪些产品上
生产时间	PT2（生产时间问题）	模块的组装方式是否可以标准化？生产时间是多少
	PT3（生产时间问题）	模块变量的物流方式是什么样的？有哪些优缺点
	……	
	WT1（重量问题）	模块的重量驱动点有哪些
重量	WT2（重量问题）	模块重量的减少/增加对成本影响有多大
	WT3（重量问题）	模块重量的减少/增加对能源消耗（油耗、电耗）的影响有多大？
	……	

表 9.5 供应链标准化问题

SP1（供应链标准问题）	模块的供应链市场（供应商数量、市场份额、定点金额等）
SP2（供应链标准问题）	模块的全球趋势和对模块成本的影响
SP3（供应链标准问题）	企业的供应链战略与模块定点关系
……	

分析阶段的输出物就是企业所有产品线使用该模块（变量）的现状和未来开发方向。

9.2.2 技术方案与战略阶段

在技术方案与战略阶段，以分析阶段得出的模块现状和未来开发方向为基础，通过如下三个方面进行模块方案的设计。

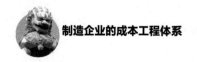

1. 模块分解至子模块的设计

这里拿组合仪表模块作为例子，把它分为如下子模块（见图9.5）。

分类	子模块名称/车型	组合仪表模块（现状）					
		C1	C2	C3	C4	C5	C6
独立件	有机玻璃罩						
	外壳						
	刻度盘						
共用件	指针						
	液晶显示屏						
	电路板（包括电子元件）						
	步进电机						
标准件	紧固件						

哪些子模块/零部件是独立件、共用件、标准件？相同的零部件用相同的颜色标注。

分类	子模块名称/车型	组合仪表模块（新设计）					
		C1	C2	C3	C4	C5	C6
独立件	有机玻璃罩						
	外壳						
	刻度盘						
共用件	指针						
	液晶显示屏						
	电路板（包括电子元件）						
	步进电机						
标准件	紧固件						

两种模块变量

图 9.5　组合仪表模块的子模块（现状与模块化新设计后的对比）

新设计的结果是：共用件步进电机、电路板（包括电子元件）、指针由原来的三种统一为一种；液晶显示屏从两种统一为一种；属于独立件的刻度盘从三种降为两种。产出的组合仪表模块化设计共有两个模块变量。

2. 成本分析（见图9.6）

依据模块化新设计模块共用件的销售量，推算出各子模块的成本降低后的值（用 5.8 节介绍的制造成本与销售量的解析函数分析方法），液晶显示屏、电路板、步进电机都有 5%~10%的成本优化结果，组合仪表模块的成本优化结果从原来的 652 元（参照模块）降低到 597 元，成本降低 8.4%。

参照模块这里指从组合仪表在各产品线的变量中选出的一款具有代表性的变量。

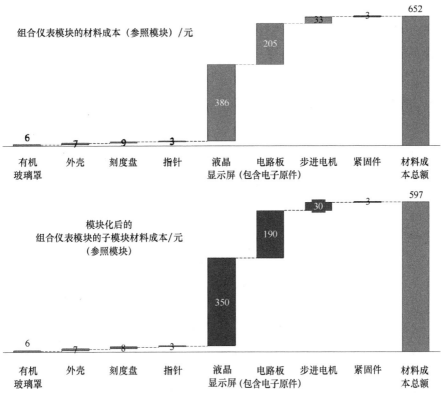

图 9.6　组合仪表模块材料成本（参照模块）（现状与模块化新设计后的对比）

3. 生命周期企划（见图 9.7）

模块的生命周期通常要和产品线的生命周期错开，模块的生命周期企划需要延伸至两个生命周期。

产品/时间	2019	2020	2021	2022	2023	2024	2025			
C1										组合仪表变量1
C2										组合仪表变量2
C3										
C4										换代组合仪表变量1
C5										换代组合仪表变量2
C6										
			模块化峰值区间		模块化峰值区间					

图 9.7　组合仪表模块的生命周期企划（两个生命周期）

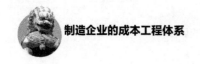

9.2.3 实施阶段

模块化战略实施的核心要素是企业需要有一个模块化战略组织架构，有模块化战略决策小组、模块化执行管理小组及模块化小组（见图 9.8）。所有产品项目、量产产品、设计变更，都是通过这个架构来完成的。

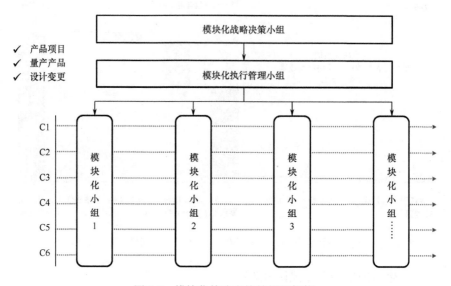

图 9.8　模块化战略实施的组织架构

9.3　模块化战略在梅赛德斯–奔驰汽车的实践

这里介绍一下我参与的梅赛德斯–奔驰汽车模块化战略的经历。

图 9.9 和图 9.10 这两款车型，外观、尺寸大不一样，但是，如果仔细观察一下内饰，不难发现，许多零部件、系统是一样的（或几乎是一样的），比如方向盘、仪表盘、导航仪、中央控制单元、空调出风口、电子开关等。这些就是模块化的系统和零部件，是在多款车型通用的，细节通常是装饰

框、亮条或表面处理不一样而已，其核心系统是完全一样的。

图 9.9　奔驰 C 级轿车（W205）内饰

图 9.10　奔驰 V 级商务车（W447）内饰

模块化战略，有如下的核心要点：

目的：

- □　通过模块化战略，大规模降低模块的单件成本
- □　降低设计出的单车制造时间，并使生产过程标准化（提高制造质量，降低制造成本）
- □　降低研发成本，降低单车研发深度，减少研发风险
- □　降低整车重量，减少油耗（轻量化）
- □　提高整车可靠性和质量

实施过程：

- □　针对所有的 15 款车型，每个车型统一按功能分解成 90 多个模块
- □　对每个车型都做其两个生命周期的模块化定义，并设定各模块投入

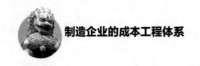

时间表

☐ 全集团共有约 3,000 工程师，投入模块化战略决策过程为期 18 个月。共有 90 多个模块化小组，每个模块化小组由研发、成本、质量工程师作为核心成员

通过模块化战略，实现了 15 款车型从入门的 A、B 级车型到豪华车型 S 级的跨越，满足不同市场和客户的需求，规模化降低了成本，提高了产品的质量和企业盈利。

第 10 章

成本工程在新能源与智能网联趋势下的实践

10.1　新能源汽车的客户核心价值

什么是新能源汽车的核心客户价值呢？

- □　安全：从被动安全性能来讲，多数车辆都能达到 C-NCAP 的 5 星级，有的甚至达到了 5 星+级。ESP 成为标配。车载毫米波雷达的引入，以及其他 ADAS 系统（驾驶辅助系统）的系列应用，大大地提升了车辆的主动安全性能。新能源汽车的一个核心子系统，就是电池包，它的安全性、可靠性是至关重要的

- □　续航里程：作为一个交通工具，续航里程是新能源汽车的客户或者潜在客户最为关注的。各个制造新能源汽车的车企也逐渐开始在各自的官网上标注车型时，首先写上该车型的续航里程为 400 千米或 500 千米

- □　实用性：座舱、后备箱空间大小等。实用性是客户的核心价值之一

- □　舒适性：座椅、通风和空调、行驶舒适性、座舱内噪声和震动，都是客户在使用新能源汽车时关注的核心价值之一

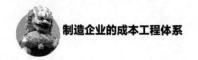

□ 买得起：新能源汽车的多数潜在客户所期待的，是一辆安全的、有足够续航里程的、实用的、舒适的车型，并且价位适中（大部分人能接受的价位区间）

除车身、内外饰、底盘及低压（12V）电子电器外，新能源汽车的动力电池、高压线束、驱动电机、逆变器等都是成本的主要驱动点，精准地设定整车架构、客户需要的功能/性能及配置，成为新车型开发初期的核心工作之一。

10.2　成本工程在新能源汽车的实践

10.2.1　商务案例计算（净现值 NPV）及敏感度分析

有了清晰定义的客户核心价值，设定了目标成本后，就需要一个精准的商务案例计算，这里以一款纯电动 SUV 为例（见图 10.1），依据预测销量的每年分布、预测售价，计算出这款纯电动 SUV 在整个生命周期的净现值 NPV 为 9.47 亿元。

敏感度分析：

□ 如果预测销量减少 10%，净现值 NPV 将减少为 6.39 亿元

□ 如果预测售价降低 5%，净现值 NPV 将减少为负 3.61 亿元

□ 如果目标成本超过 5%（整车 105%），净现值 NPV 将减少为 0.62 亿元

当净现值 NPV 接近零或为负值（亏本）时，意味着这款新车型是没有经济价值的，会给新能源汽车企业带来亏损。

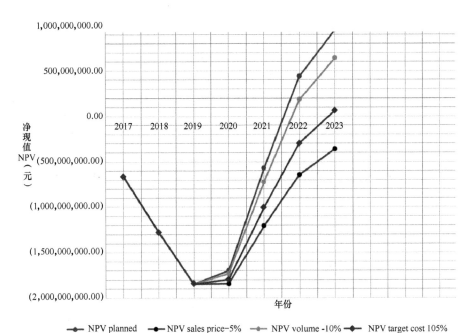

图 10.1 一款纯电动 SUV 的商务案例计算和敏感度分析

居高不下的材料成本（电池系统、逆变器、高压线束、电机等），巨额的研发和验证投入，过于乐观的市场预测（预测销量和预测售价），使这条生命线尤为脆弱，可谓"命悬一线"。

要在未来惨烈的竞争市场、众多的竞争对手中脱颖而出，唯一的出路，就是需要一个精准的产品定义和市场预测（销量和售价），按照目标成本进行整车设计，做出一个理智的、准确的商务案例计算和敏感度分析！

10.2.2 计算锂电池电芯的参照成本

2019 年中国新能源汽车生产了约 120.6 万台，动力电池装机总电量约 62.2GWh。做好新能源汽车的整车成本企划、优化动力电池的成本，是车企和零部件供应商未来多年的核心工作之一。

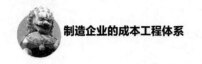

1. 动力电池和电芯

目前新能源汽车采用的多是锂电池，其基本工作原理如图 10.2 所示。

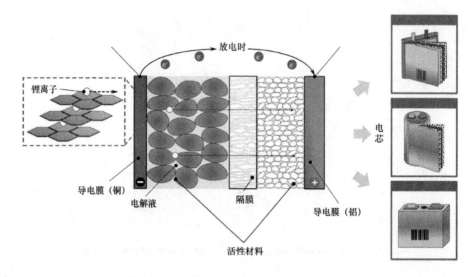

图 10.2　锂电池的工作原理（图片来自 VDMA）

正极的活性材料主要有两类，一类是镍钴锰锂化合物（NCM），另一类是磷酸铁锂（LFP）。负极多是石墨（95%）加上一些添加剂。放电时锂离子脱嵌，充电时锂离子嵌入，形成放电或充电电流。通常新能源汽车车载锂电池多由电芯、模组、电池包构成。

电芯是电池包的最小单元，模组则由多个电芯连接而成，电池包又由多个模组组成，另外加上电池管理控制模块等。

对电芯成本做一个精准计算，找出主要的成本驱动点，然后进行技术优化，是优化电池包成本、做好新能源汽车整车成本企划的重要路径。

2. 材料成本、锂电池电芯分解

本文只是描述了其中的主要分解步骤。锂电池电芯分解，一定要在专业实验室里做，这是操作安全的保障！首先，对锂电池电芯进行长时间完全放电。

本例用来分解的锂电池电芯是方形电芯，电压 3.65V，容量 255Wh，毛重 1.4 千克（见图 10.3）。

图 10.3　锂电池电芯样件（NCM111， 255Wh， 3.65V）

然后，在干燥实验室进行低温操作，打开电芯外壳，分别对正极膜、负极膜、隔膜厚度及外形尺寸进行测量（见图 10.4、图 10.5、图 10.6），其中，正极膜含活性化合物（NCM）和铝基材，负极膜含活性化合物（Graphit）和铜基材，从而得到锂电池电芯成本计算的主要材料输入参数。

NCM 111+Al膜

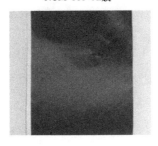

图 10.4　锂电池电芯正极膜

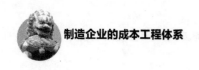
Graphit+Cu膜

图 10.5　锂电池电芯负极膜

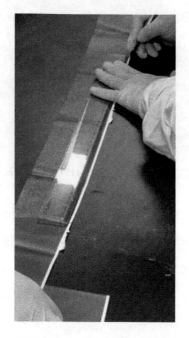

图 10.6　锂电池电芯在专业实验室里分解、测量

由此用观昱机电技术（上海）有限公司的参照成本计算模型计算出这个锂电池电芯的材料成本明细及其分布如图 10.7 所示。

主要材料成本驱动点分别是三元材料、电解液、铜膜等。优化材料成本就是从这些材料成本驱动点入手，比如三元材料（NCM），其中 C 是指昂贵的钴材料。如何降低钴材料的比例，是优化材料成本的优先选项。从原来的 NCM111，变为 NCM523，甚至 NCM811，就是以增加镍的含量来降低钴的含量。当然，镍含量的增加，也影响了电芯的稳定性，所以，要在稳定性和材料成本上，平衡优化；另外，铜膜、电解液等也是有优化空间的。

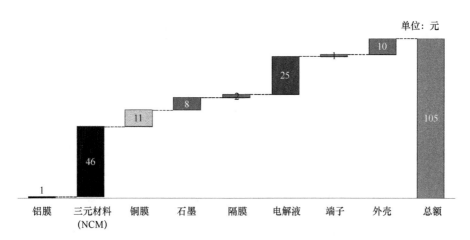

图 10.7　锂电池电芯的材料成本明细及其分布

3. 锂电池电芯制造工艺

锂电池电芯的制造，可以分为约 18 个工序（见图 10.8）。

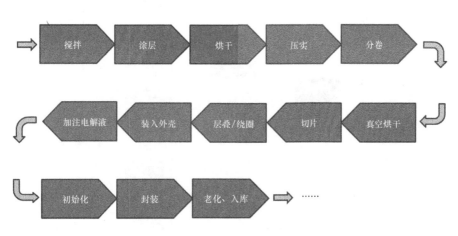

图 10.8　锂电池电芯制造工艺步序

其中搅拌、涂层、烘干、压实、分卷、真空烘干、老化等工序是**批次加工工序**，而切片、层叠/绕圈、加注电解液、封装等工序则为**节拍制造工序**。

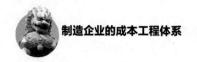
采用观昱机电技术（上海）有限公司的参照成本计算模型可以计算出这个锂电池电芯的制造成本明细及其分布如图10.9所示。

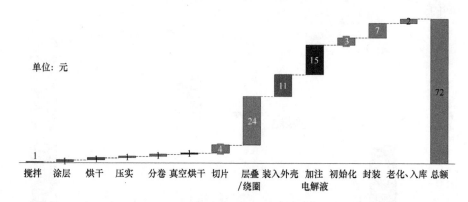

图10.9　锂电池电芯的制造成本明细及其分布

从参照成本计算的结果来看（见图 10.9），制造成本的驱动点主要在节拍制造工序上，比如切片、层叠、加注电解液、封装等工序。优化电芯的制造成本，就要从这些工序上入手了。

图 10.10 展示了锂电池电芯材料成本、制造成本、管理及其他费用，以及参照成本总额。

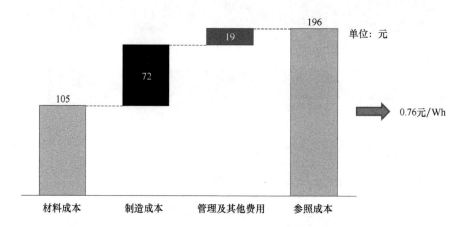

图10.10　锂电池电芯材料的参照成本及其分布

10.2.3　直接、间接驱动电机的设计和成本对比

纯电动汽车的驱动单元，多由逆变器、永磁同步交流电机和减速器组成。为了优化设计，下面做一个直接驱动、间接驱动模组的对比。

间接驱动模组的组成是永磁交流同步电机加上一个减速器组成驱动部分；而直接驱动模组只是永磁交流同步电机，取消了减速器。两个电机的最大输出功率都为 60kW。

完成电机设计后，计算出 NDD、DD 永磁同步交流电机的参照成本，对比如图 10.11 所示。

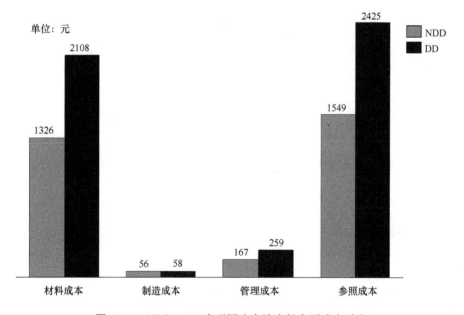

图 10.11　NDD、DD 永磁同步交流电机参照成本对比

NDD 永磁同步交流电机的参照成本为 1548.98 元，加上减速器的成本（约 900 元），间接驱动模组的总成本约为 2448.98 元；而直接驱动模组（DD）的总成本仅为 2424.92 元（见图 10.12）。

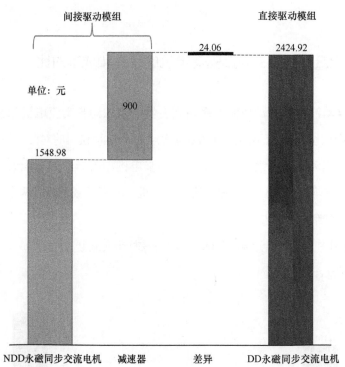

图 10.12　间接驱动电机+减速器与直接驱动电机的参照成本对比

从重量来看，NDD 永磁同步交流电机设计重量为 31.9 千克，减速器约 16 千克，共约 47.9 千克；DD 永磁同步交流电机设计重量为 55.3 千克。

总之：

☐　直接驱动模组有 NVH，略有成本优势

☐　间接驱动模组有重量优势

如何做出优化选择，取决于产品的定位和功能/性能要求。

第11章

成本工程数字化

从产品、服务来看：

☐ 乘用车中使用的卫星导航系统，基础是数字化的高清地图、卫星定位信号

☐ 手机中的众多 App 应用，是数字化、软件的应用

☐ 智能家居中的遥控家电设备（冰箱、洗衣机、监控摄像头等），是数字化、互联化的体现

☐ 共享出行，滴滴、Uber 等手机 App 预订，后台服务器远程最佳调配车辆，是数字化、AI 软件的实践

······

从制造来看：

☐ 金属加工用的数控机床，是第一代数字化的设备

☐ 工业机器人、自动化生产线已经广泛应用在制造企业

☐ 数字化、智能化、互联化的柔性生产设备和线体，体现了新一代制造工业的创新

产品、服务和制造正在向数字化、互联化、智能化发展，同时把成本工程带入了数字化、智能化的行列。

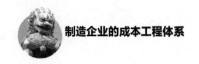

11.1　产品过程的数字化

产品过程的数字化体现在：

☐ 改变在纸质的纸张上绘制零部件图纸，用计算机辅助设计（CAD）软件系统做零部件设计和绘制图纸已经数十年了，它们的代表如CATIA、ProEngineer、Unigraphics

☐ 造型设计师用上了计算机辅助造型工具 CAS（Computer Aided Styling）

☐ 在零部件设计中，有限元仿真计算大规模应用于强度和变形、流体、温度、电磁场的静态、动态分析

☐ 数字化、软件控制生产线体、数控机床、机器人等

☐ 客户订单、生产计划软件系统

......

那么，产品过程数字化的发展过程中，成本工程有哪些应用和哪些创新呢？

11.2　CAE 优化产品材料成本

计算机辅助工程（Computer Aided Engineering，CAE）已经规模化应用于产品设计上，其中有限元的仿真计算最为常用。

通过对整车静态、动态扭转和弯曲刚度的有限元计算，得出的结论可以指导设计师减少或取消较为昂贵的结构胶采用位置和长度（见图 11.1），部分结构胶位置可以用成本相对低的密封胶替代，单车降低成本约 20 元。

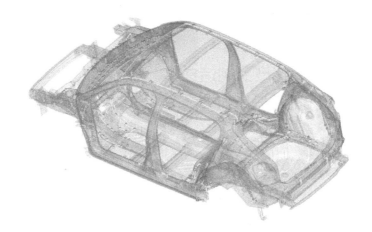

图 11.1　一款乘用车的密封胶、结构胶位置

另一个实例是轮毂的轻量化设计和成本优化（见图 11.2）。

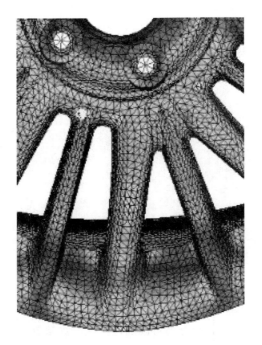

图 11.2　轮毂的轻量化设计（有限元计算）和成本优化（13 度冲击路况）

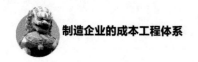

优化结果方案为每个轮毂肩部可以减轻重量约 250 克，单件降低成本约 8 元。

11.3　CAE 优化产品制造成本

仿真计算不仅能够帮助优化产品成本，也能够帮助制造工艺工程师优化制造工艺、降低制造成本。

图 11.3 是一个喷涂机器人轨迹编程和漆层仿真计算系统（该系统是我在德国联邦弗朗霍夫生产设备和设计技术研究所主导开发的喷涂工业机器人轨迹编程和喷涂工艺仿真软件系统，经过产业化成为德国西门子 PLM RobCAD Paint module 软件模块，广泛应用于车企的喷涂机器人编程和喷涂工艺优化）。

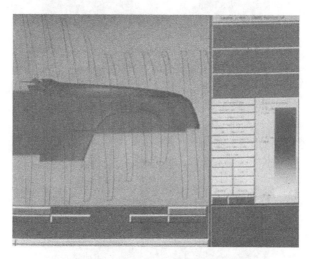

图 11.3　喷涂工业机器人轨迹编程及喷涂工艺仿真系统

在虚拟喷涂过程中，一方面可以通过变换喷涂参数（喷涂漆束的大小、喷涂距离、机器人运行轨迹和速度）、优化喷涂漆使用量（真正喷涂到部件的漆层厚度分布）和喷涂时间，降低成本。另一方面可以通过优化机器人轨迹分布，避免漆层厚度不够或漆层厚度过高而流动，保障漆层质量。

11.4　成本大数据库

成本大数据库（见图 11.4）可以用来：

- ☐ "查询基本成本数据"，比如材料单价、设备投资金额、不同地区人工费用等
- ☐ "成本数据分析"，比如线性回归分析、成本和产量的解析分析
- ☐ "竞品分析"，零部件功能描述、成本对比
- ☐ "模具、生产设备、研发费用"，数据查询、汇总，用于研发成本企划、模具成本企划

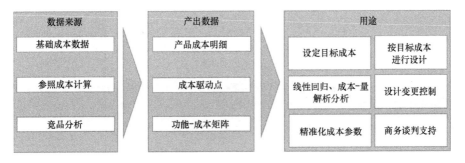

图 11.4　成本大数据库及其用途

这里举一个成本大数据库的应用实例。

如果要查询 PA6、PA66 塑料的每公斤原材料成本，在成本大数据库的软件界面输入 PA，就可以从 MySQL 数据库中查到，结果如下（见图 11.5）：PA6每千克 26 元，PA66 每千克 28 元。

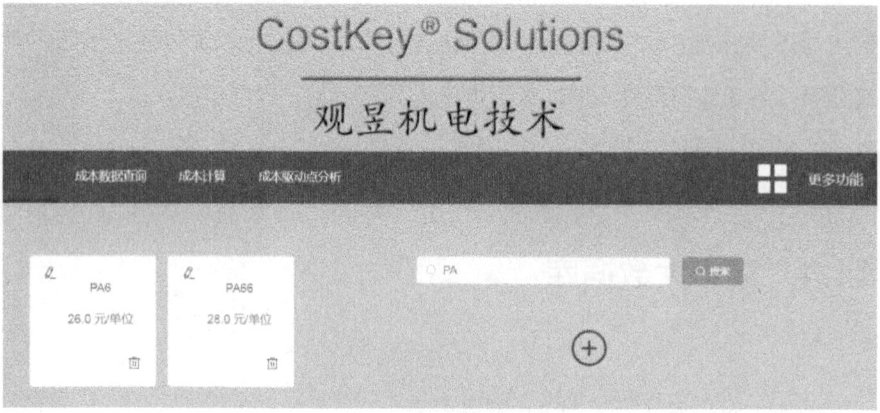

图 11.5　材料成本数据查询

如果想要查询注塑机的设备投资金额，在成本大数据库的软件界面输入注塑机（Injection Molding Machine，IMM），得到数据库的查询结果（见图11.6）：800 吨的投资金额为 75 万元，1600 吨为 240 万元，2800 吨为 670 万元，这些成本数据可以用作计算制造成本，或者作为设备和模具成本企划的基础。

图 11.6　设备投资金额查询

如果有些基本成本数据需要添加，打开添加界面，输入、存入数据库即可（见图 11.7）：

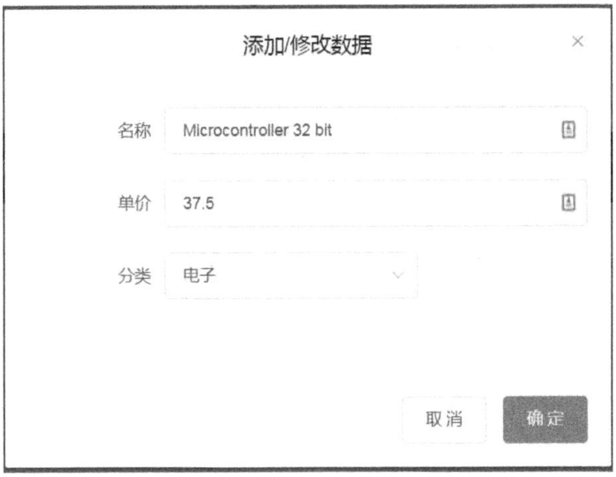

图 11.7　添加、修改基本成本数据界面

11.5　成本软件

成本软件可以广泛地应用于制造企业，无论是成本工程师、研发工程师，还是采购员、财务分析师、项目总监及中、高层管理者，都是成本软件系统的使用者。

- ☐ 设计工程师查询基本成本数据、竞品功能和成本明细，查询零部件、子系统参照成本，帮助设计工程师按目标成本进行产品设计，树立在设计过程中的成本意识
- ☐ 成本工程师用来计算参照成本，做成本驱动点分析，寻找降本增效点子，优化产品成本
- ☐ 采购员可以查询参照零部件/子系统成本，为商务谈判提供有力的技术论据

......

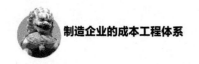
制造企业的成本工程体系
图 11.8 展示了一个基于 Springboot、MySQL、Vue 等软件架构和技术实现的成本软件，含有成本大数据库、参照成本计算、成本分析等各种工具，这里用一个实际例子说明成本软件的重要用途之一。

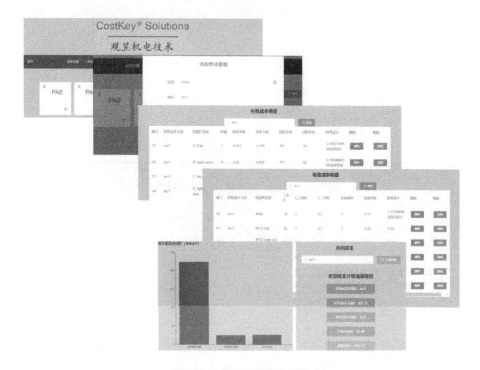

图 11.8　成本工程软件系统

通过成本软件的参照成本计算模块，计算出一个乘用车组合仪表的参照成本，该零部件的现产地是美国，如果企业决定把组合仪表拿到中国来生产，有多大的成本优势呢？这就是所谓的"差异参照成本计算"（见图 11.9），区别点主要是中国、美国不同的制造成本和管理成本。

组合仪表的参照成本约为 628 元，如果未来在中国生产，参照成本则降低为 567 元，成本优化了 9.7%。

用同样的方式，可以分析出特斯拉 Model3 纯电动汽车在美国生产和在中国（上海市）生产的成本差别。

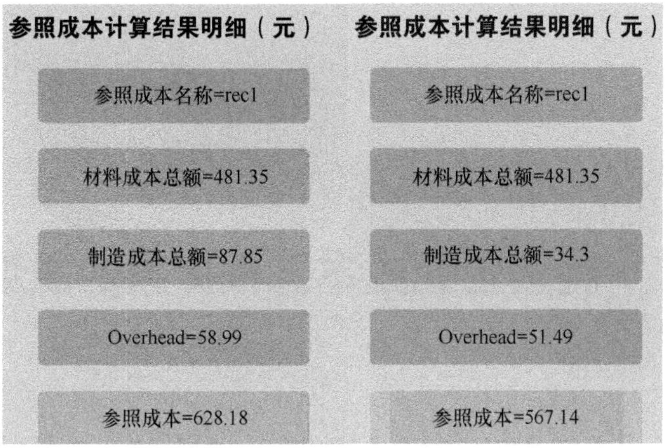

图 11.9　组合仪表参照成本：左（产地美国）、右（产地中国）

制造企业成本工程体系的发展趋势

我依据 25 年在制造企业（德国奔驰汽车、长城汽车）产品研发、制造工艺、成本工程的实战经验，在本书中第一次系统地介绍了成本工程体系、成本工程方法和流程，同时分享了许多成本工程的实战案例。

每个制造企业都需要一个全建制的、高效实施的成本工程体系，包含成本工程在企业组织框架下的定位、嵌入产品过程的成本工程方法和流程、对企业全员真正实施和兑现的绩效考核机制（KPI）。

成本工程如同研发、制造、质量一样，是企业的核心功能部门。

成本工程体系需要标准化，企业如果得到满足成本工程体系标准的认证（ISO/GB CE），如同质量体系认证一样（ISO 9001），是企业在成本工程方面所做出的规范、努力和效率，是企业的"品牌标志"之一，说明企业在成本优化、精益制造方面处于领先地位。

制定成本工程体系的标准，还处于起始阶段，需要标准机构、制造企业、研究部门等的大力支持和细心工作。

随着未来各类产品的数字化、智能化，成本工程也将进入数字化时代。成本大数据库、成本软件、智能设计将是成本工程的未来发展方向。我计划将在这个领域出版详细、深入的专著。